Jumalan hallintavalta

Hengen miekka -kirjasarja:

1 *Toimiva rukous*
2 *Hengen tunteminen*
3 *Jumalan hallintavalta*
4 *Elävä usko*
5 *Jumalan kirkkaus seurakunnassa*
6 *Palveleminen Hengessä*
7 *Isän tunteminen*
8 *Kadotettujen tavoittaminen*
9 *Jumalan tunteminen*
10 *Pojan tunteminen*
11 *Pelastus armosta*
12 *Palvonta Hengessä ja totuudessa*

www.swordofthespirit.co.uk

Copyright © 2016 Colin Dye
ISBN: 978-1-898444-32-9

Ensimmäinen painos
Kensington Temple
KT Summit House
100 Hanger Lane
London, W5 1EZ

Kaikki oikeudet pidätetään. Tämän julkaisun tai sen osan jäljentäminen tai tallentaminen ilman tekijän kirjallista lupaa painamalla, monistamalla, äänittämällä, sähköisesti tai muulla tavoin on tekijänoikeuslain mukaisesti kielletty.

Raamatun lainaukset ovat vuoden 1992 käännöksestä.

Suomennos: Christina Kotisaari
Taitto: Marko Joensuu
Kansi: Yewhung Chin

Hengen miekka

Jumalan hallintavalta

Colin Dye

Sisällysluettelo

Johdanto	7
Valtakunta	11
Valtakunnan kutsu	27
Valtakunnan asenteet	51
Maailma ja valtakunta	77
Vanhurskaus valtakunnassa	91
Hengellinen elämä valtakunnassa	101
Fyysinen elämä valtakunnassa	117
Tuomio valtakunnassa	129
Valtakunnan todellisuus	141

Johdanto

On välttämätöntä, että ymmärrät tämän *Hengen miekka* -kirjasarjaan kuuluvan kirjan nimen oikein. Tämä kirja puhuu Jumalan hallintavallasta, ei lain hallintavallasta. Näillä kahdella on valtavan suuri ero!

Laki hallitsi siitä asti, kun se annettiin Moosekselle Siinain vuorella aina siihen asti, kunnes Kristus syntyi maan päälle. Tuona aikana Jumalan lapset eivät voineet tuntea Jumalaa läheisesti ja henkilökohtaisesti oman syntisyytensä ja tottelemattomuutensa vuoksi. Tämän vuoksi papit toimivat kansan ja Jumalan välimiehinä, profeetat ilmoittivat Jumalan sanan, tuomarit ja kuninkaat hallitsivat kansaa ja laki hallitsi heitä kaikkia.

Jokaisen, joka rakasti Jumalaa ja halusi miellyttää häntä, täytyi noudattaa jokaista hänen käskyään – kaikkia niitä lain sääntöjä, jotka Mooses antoi kansalle, ja jotka on kirjattu toiseen, kolmanteen ja viidenteen Mooseksen kirjaan. Vain pitämällä kaikki nämä säännöt, ihmiset pystyivät tuntemaan Jumalan ja Jumala hyväksyi heidät.

Lain hallintavalta päättyi siihen, kun Jumalan valtakunta saapui Kristuksessa. Kristuksen täydellisen kuuliaisuuden ja uhrikuoleman vuoksi kaikki ihmiset voivat nyt tuntea Jumalan läheisesti ja henkilökohtaisesti. Hän on suuri ylipappi, joka toimi lopullisena välimiehenä, jotta jokainen meistä voi lähestyä Jumalaa ilman välikäsiä. Hän on suuri profeetta, lihaksi tullut Jumalan Sana, jonka vuoksi jokainen voi nyt tietää tarkalleen, millainen Jumala on, voi tuntea hänet itse ja kuulla henkilökohtaisesti hänen puhettaan. Hän on koko maailman

Jumalan hallintavalta

tuomari, kuninkaiden kuningas, joka hallitsee kansaansa henkilökohtaisesti armossa ja rakkaudessa. Hän itse hallitsee korkeimpana kaikkia niitä ihmisiä, jotka suostuvat hänen valtansa alle.

Uusi testamentti tekee selväksi, että Jeesuksen maan päälle tuleminen vapautti meidät laista. Nyt olemme rakastavan ja armahtavan Jumalamme hallintavallan alla, emmekä enää lain käskyjen hallitsemia. Lyhyesti sanottuna tämä tarkoittaa sitä, että elämme Pyhässä Hengessä ja Pyhästä Hengestä ja seuraamme elämässämme hänen johdatustaan, emmekä moraali- tai uskonnollisten lakien sääntöjä ja määräyksiä.

Tämän vuoksi onkin erittäin surullista, että jotkut kristityt johtajat yrittävät johdattaa Jumalan kansan takaisin lain alle ja kannustavat uskovia elämään Jumalan Vanhan testamentin käskyjen mukaan (tai pikemminkin pienen valikoidun sääntöjoukon mukaan). Lisäksi he keksivät seurakunnalle uusia inhimillisiä sääntöjä ja määräyksiä noudatettavaksi.

Vuorisaarnassa, Matteuksen evankeliumin luvuissa 5–7 löytyy sen ydin, mitä Jeesus opetti elämästä Jumalan valtakunnassa. Käymme läpi näitä lukuja yksityiskohtaisesti tässä kirjassa ja näemme, että Jeesus kuvailee niissä dynaamista elämäntapaa, jota eletään hänen läsnäolossaan Pyhän Hengen voiman kautta. Meille selviää, kuinka voimme käytännössä antautua Jumalan rakkaudellisen hallintavallan alle ja elää sellaista elämää, jota Jeesus on tarkoittanut meidän elävän.

Tämä kirja on tarkoitettu erityisesti niille uskoville, jotka ovat valmiit laittamaan syrjään omat ajatuksensa Jumalan valtakunnasta ja tutkimaan Jumalan Sanaa, jotta löytäisivät Jumalan ilmoituksen yltäkylläisestä elämästä. Jotta saisit tästä kirjasta mahdollisimman paljon hyötyä, lue läpi kaikki Raamatun jakeet, joihin tekstissä viitataan. Pohdi ennen uuteen jaksoon siirtymistä tarkkaan, mitä lukemasi asiat merkitsevät sinulle itsellesi sekä ympärilläsi oleville ihmisille. Anna Jumalan puhua sinulle, kun opiskelet hänen Sanaansa.

Johdanto

Oppimisen tueksi on myös olemassa oheismateriaalia, jonka löydät S*word of the Spirit Student's Handbook* -käsikirjasta sekä nettisivulta *www.swordofthespirit.co.uk* (englanninkielisenä, suom. huom.). Käsikirjassa on täydentävää opetusta tämän kirjan jokaisesta luvusta sekä keskustelunaiheita ja tietovisoja. Kun rekisteröidyt nettisivulle, saat käyttöösi lisää tietovisoja ja kokeita. Nettisivulta löydät myös tämän kirjan tekstin, jossa on linkit kaikkiin tekstissä esiintyviin Raamatun jakeisiin sekä ääni- ja videotiedostoja. Nämä lisämateriaalit auttavat sinua kertaamaan, painamaan mieleesi ja soveltamaan tässä kirjassa oppimiasi asioita.

Voit myös käyttää *Student's Handbook* -käsikirjaa pienryhmissä. Valitse rukoillen ne osiot, joiden uskot parhaiten soveltuvan omalle ryhmällesi. Joissakin tapaamisissa voitte siis käyttää kaikkea käsikirjan materiaalia ja toisissa vain osia siitä. Käytäthän maalaisjärkeäsi ja hengellistä näkökykyäsi. Voit myös vapaasti kopioida sen sivuja ja jakaa niitä johtamillesi ryhmille.

Rukoukseni on, että opiskelemalla tätä kirjaa näet Jumalan valtakunnan selvemmin, astut siihen sisään syvemmin ja antaudut tietoisesti hänelle ja hänen johdatukseensa elämäsi jokaisella osa-alueella. Rukoilen, että voit elää vapautettuna laista, ja että kuninkaiden kuningas voisi henkilökohtaisesti hallita elämässäsi.

Colin Dye

Osa 1

Valtakunta

Jumalan valtakunta – tai taivasten valtakunta – on Jeesuksen tärkein teema. Hän opettaa siitä paljon enemmän kuin mistään muusta aiheesta. Matteuksen evankeliumissa – joka kirjoitettiin juutalaiselle kuulijakunnalle – siitä käytetään nimitystä "taivasten valtakunta", kun taas Markuksen ja Luukkaan evankeliumeissa puhutaan "Jumalan valtakunnasta".

Matteus käyttää termiä "taivasten valtakunta" melko varmasti siksi, että juutalaiset välttivät lausumasta Jumalan nimeä, eikä hän halunnut loukata lukijoitansa. Molemmat termit viittaavat kuitenkin samaan todellisuuteen. Tämä selviää, kun verrataan Matteuksen evankeliumin jaetta 5:3 ja Luukkaan evankeliumin jaetta 6:20.

Mikä valtakunta?

Kreikan valtakuntaa tarkoittava sana *basileia* on johdettu sanasta *basileus*, joka tarkoittaa kuningasta. Basileia tarkoittaa kuninkaallisuutta, kuninkaallista voimaa, valtaa ja kuninkaallista arvovaltaa – siis aktiivista hallitsemista. Sillä ei tarkoiteta kuninkaan hallitsemaa maata tai kansaa.

Suomen kielessä sanalla "valtakunta" tarkoitetaan yleensä maata tai kansaa. *Basileia* tarkoittaa kuitenkin "Jumala hallitsee" eikä "Jumalan kuningaskunta". Sillä kuvataan siis Jumalan toimintaa, ei kansaa tai paikkaa. Se kääntää katseemme pois itsestämme häntä kohti. Jotta tämä tärkeä totuus tulisi painotetuksi ja väärinymmärryksiltä vältyttäisiin, tämän kirjan nimeksi on valittu "Jumalan hallintavalta" eikä "Jumalan valtakunta".

Näiden merkitysten ero on ehdottoman oleellinen, kun tarkastellaan sitä, millainen suhde meillä on Jumalan

Jumalan hallintavalta

kanssa, ja kuinka hänen hallintavaltansa näkyy maan päällä. Aina kun ihmiset yrittävät rakentaa Jumalan valtakunnan maan päälle uskonnollisten sääntöjen, lakien tai poliittisten rakenteiden avulla, he loitontuvat Jumalan suunnitelmasta. Jeesus sanoo Luukkaan evankeliumin jakeissa 17:20–21, että valtakunnan tulemista ei voida tarkkailla. Se ei liity mihinkään maalliseen, kansalliseen, maantieteelliseen, poliittiseen tai sosioekonomiseen systeemiin, vaan "valtakunta" on ihmisten sydämissä olevaa Jumalan hallintavaltaa.

Valtakuntaa tässä hallitsemista tarkoittavassa merkityksessä käytetään Vanhan testamentin puolella mm. kohdissa Ps. 22:28, 103:19, 145:8–13 ja Dan. 4:25. Näissä Jumalan valtakunnan kuvauksissa painotetaan sitä, että Jumala hallitsee armollisesti. Ajatus hallitsemisesta tulee erityisen selvästi esiin Uuden testamentin puolella kohdissa Matt. 6:10, Luuk. 11:2 ja 19:11–15, joissa Jumalan valtakunnan tuleminen yhdistetään Jumalan tahdon tekemiseen.

Juutalainen tausta

Vaikka juutalaisissa kirjoituksissa ei koskaan mainita sanatarkkaa termiä "Jumalan valtakunta", sen taustalla oleva käsite näkyy Vanhan testamentin ajattelutavassa. Jumala kuvataan usein sekä Israelin kuninkaana (esimerkiksi kohdissa 2. Moos. 15:18, 5. Moos. 33:5, 1. Sam. 12:12 ja Jes. 43:15), että kaikkien ihmisten kuninkaana (Jer. 46:18). Hänen valtakuntaansa tai valtaansa viitataan kohdissa 5. Moos. 4:3, 1. Aik. 29:11 ja Ob. 1:21.

Ajatus Jumalan hallintavallasta ei kuitenkaan näy pelkästään näissä kohdissa, joissa Jumalaa kuvataan kuninkaallisilla ominaisuuksilla, vaan se on koko Vanhan testamentin ajattelun perusta. Esimerkiksi Siinain vuorella Mooseksen kautta solmittu liitto vahvistaa Jumalan arvovallan, kuninkuuden ja hallintavallan kansaan nähden. Jumala on kaikkivaltias, ja hän hallitsee.

Vanhassa testamentissa näkyy myös ajatus siitä, että Jumalan hallintavalta on sekä nyt että vasta tulevaisuudessa.

Valtakunta

Jumala kuvataan kaikkien ihmisten hallitsijana nykyhetkessä, mutta profeetat myös ennustivat ajasta, jolloin Jumala tulisi näkyvästi hallitsemaan kansaansa (esimerkiksi Jes. 24:23).

Jeesuksen aikaan mennessä juutalaisten keskuudessa oli levinnyt laajalle toivo ja odotus siitä, että Jumala puuttuisi asioihin, vapauttaisi heidät heidän vihollisistaan ja palauttaisi heidän kunniansa. He uskoivat, että Messias, toinen Daavid, tulisi ja valmistaisi näkyvän Jumalan valtakunnan heidän keskelleen.

Jotkut juutalaiset odottivat toista johtajaa, joka olisi vielä suurempi maallinen hallitsija kuin kuningas Daavid. Toiset taas odottivat Danielin ennustamaa (luku 7) taivaallista valtakuntaa ja Ihmisen Pojan ilmestymistä. Suurimmalla osalla ei luultavasti ollut selkeää ajatusta siitä, millainen valtakunta tulisi olemaan. He vain toivoivat ja uskoivat, että se tulisi pian näkyviin.

Joskus ihmiset vertaavat Vanhan testamentin ajatusta valtakunnan olemuksesta Uuden testamentin kuvaukseen siitä. Vaikka Uudessa testamentissa ja etenkin Jeesuksen opetuksissa esiintyvä kuvaus valtakunnan olemuksesta pohjautuukin Vanhan testamentin ajatuksiin, sen todellinen luonne paljastetaan paljon täydellisemmin ja tarkemmin. Esimerkiksi – kuten tulemme myöhemmin tässä kirjassa näkemään – valtakunta olikin tarkoitettu kaikille, ei vain Israelille, ja sen voimaan tuleminen liittyi tiiviisti Jeesuksen persoonaan ja palvelustehtävään.

Johanneksen julistus

Matteuksen evankeliumin jakeessa 3:2 kerrotaan siitä, kun Johannes Kastaja alkoi julistamaan, että Jumalan valtakunta on tullut lähelle. Meidän voi olla vaikea ymmärtää, kuinka paljon kohua tuo ilmoitus siihen aikaan herätti. Johanneksen julistus oli erittäin merkittävä, sillä juutalaiset odottivat, että Jumalan valtakunnan tuleminen toisi historiallisen käännekohdan. He olivat oikeassa. Se toikin. Mutta valtakunta ei tullut heidän odottamassaan muodossa.

Jumalan hallintavalta

Juutalaiset uskonnolliset johtajat olivat oikeassa uskoessaan, että Jumalan valtakunnan tuleminen merkitsi sitä, ettei Jumala enää hallitsisi pitkän välimatkan päästä. He eivät kuitenkaan ymmärtäneet tämän tarkoittavan sitä, että hän ei enää hallitsisi sääntöjen, siis lain kautta. Jumala tuli sen sijaan ihmisenä maan päälle perustamaan valtakuntansa, jota hän nyt hallitsisi henkilökohtaisesti – Pojan ja Hengen kautta.

He olivat myös oikeassa uskoessaan, että valtakunta kukistaisi heidän vihollisensa, mutta valitettavasti he erehtyivät siitä, kuka heidän todellinen vihollisensa oli. Myöskin he olivat oikeassa uskoessaan, että valtakunta levittäytyisi koko maailmaan, mutta he olivat väärässä uskoessaan sen tapahtuvan heti tai väkivalloin. Jeesus ei pakota kaikkia ihmisiä hallintavaltansa alle, vaan hän tuli hallitsemaan niitä, jotka vapaaehtoisesti hyväksyvät hänen kuninkuutensa.

Jakeissa Matt. 3:1–12 ja Luuk. 3:7–20 näemme, mitä Johannes Kastaja opetti Jumalan valtakunnan tulemisesta:

◆ Se merkitsi koko ihmiskunnan tuomitsemista, erottelemista ja puhdistamista

◆ Se asetti moraalisen haasteen, jota kukaan ei voisi ohittaa

◆ Se oli yhteydessä Jeesuksen toimintaan

◆ Se merkitsi, että ihmisten täytyi kääntyä ja ottaa kaste.

Valtakunta nyt
Jeesus aloitti palvelustehtävänsä julistamalla, että aika oli täyttynyt ja Jumalan valtakunta oli tullut lähelle (Mark. 1:14–15). Tämän täytyi tarkoittaa, että jotain merkittävää oli tapahtumassa. Kohdissa Matt. 12:28 ja Luuk. 11:20 Jeesus toistaa ajatuksen, että valtakunta on jo tullut, ja todistaa sen ajamalla ulos pahoja henkiä. Valta määrätä pahoja henkiä osoittaa, että taivasten valtakunta on rikkonut pahan hallintavallan, ja että oikea kuningas hallitsee todellisemmin.

Luukkaan evankeliumin jakeissa 10:1–20 Jeesus lähetti 72

Valtakunta

opetuslasta julistamaan, että valtakunta on tullut lähelle. Sen seurauksena "Saatana sinkoutui taivaasta kuin salama". Kaikki Jeesuksen ihmetyöt todistavat, että valtakunta on tullut.

Kun Johannes Kastaja alkoi epäilemään, oliko Jeesus se, jonka oli määrä tulla, hän lähetti opetuslapsensa ottamaan asiasta selvää. Kohdissa Matt. 11:2–5 ja Luuk. 7:18–23 voimme lukea, mikä sai heidät vakuuttumaan siitä, että Jeesuksen myötä valtakunta oli tulossa.

Jeesus ei ainoastaan luvannut ihmeitä tulevaisuudessa ja anteeksiantoa tuomion päivänä, vaan hän tarjosi molempia jo nyt – itsensä kautta. Valtakunta saapui Jeesuksessa ja hänen mukanaan. Jeesus oli kauan odotettu Messias, ja tämän vuoksi Jeesus on keskeisessä osassa kaikessa, mitä evankeliumeissa kerrotaan valtakunnasta, ja valtakunta on keskeisessä osassa kaikessa Jeesuksen opetuksessa.

- ◆ Kasteessa Jeesus esitellään Jumalan rakkaana poikana – Matt. 3:17.
- ◆ Kirkastumisessa Jumala kutsuu häntä rakkaaksi pojakseen – Matt. 17:5.
- ◆ Hänet on täytetty Jumalan hengellä – Matt. 3:16.
- ◆ Hänellä on täydet jumalalliset valtuudet – Matt. 21:27.
- ◆ Kirjoitukset täyttyvät, kun hän saapuu – Luuk. 4:21, Matt. 5:17.
- ◆ Hän tuli julistamaan Jumalan valtakuntaa ja hallintavaltaa – Mark. 1:38.
- ◆ Hän tuli etsimään ja pelastamaan kadotettuja – Luuk. 19:10.
- ◆ Hän tuli palvelemaan muita ja antamaan henkensä monien edestä – Mark. 10:45.
- ◆ Jumalan valtakuntaan tai hallintavaltaan kuulumisen salaisuus on siinä, että ihminen kuuluu Jeesukselle – Matt. 7:23 ja 25:41.

Jumalan hallintavalta

Opettaessaan, että valtakunta oli saapunut, tullut, alkanut, ja että se oli ihmisten keskellä todellisuutta jo nyt, Jeesus myös opetti, että valtakunnan tulemiseen liittyisi jonkinlaista väkivaltaa (Matt. 11:11–12, Luuk. 7:28 ja 16:16).

Tämä ei tarkoita sitä, että valtakunnan perustamiseen liittyi fyysisen väkivallan käyttöä, vaan Jeesus pikemminkin halusi muistuttaa, että maailma suhtautuisi vihamielisesti valtakuntaa kohtaan. Johannes oli jo kärsinyt ja hänet oli vangittu, ja Jeesus varoitti niitä jotka hyväksyisivät hänen hallintavaltansa, että he tulisivat kohtaamaan samankaltaista vihamielisyyttä – ei ainoastaan tulevaisuudessa, vaan myös nykyhetkessä.

Tuleva valtakunta

Jeesus ei ainoastaan opettanut, että valtakunta oli jo tullut, vaan hän myös opetti, että valtakunta ei ollut vielä. Esimerkiksi monet Matteuksen evankeliumin jakeissa 5:1–10 esiintyvistä valtakunnan siunauksista saadaan vasta tulevaisuudessa. Vaikka "autuaat" jo omistavat valtakunnan, heitä odottaa tulevaisuudessa vielä jotain enemmän – nimittäin lohdutus, perintöosa, laupeus ja niin edelleen.

Myös Jeesuksen rukous Matteuksen evankeliumin jakeessa 6:10 koskee sekä tätä hetkeä että tulevaa. Jos valtakunta olisi jo tullut täysin, meidän ei tarvitsisi rukoilla sen tulemista. Kun Jeesus puhuu valtakuntaan pääsemisestä Matteuksen evankeliumin jakeissa 7:21–22, hän viittaa sovituksen päivään, joka on vasta tulossa. Saman näemme myös kohdissa Matt. 8:11 ja Luuk. 13:28–29. Koko palvelutyönsä ajan Jeesus odotti tulevaa päivää, jona valtakunta saapuisi. Näemme tämän kohdissa Matt. 13:42–43, 16:27–28, 20:21, 26:29, Mark. 9:1, 10:37, 14:25 ja Luuk. 22:18.

Meidän täytyy aina pitää nämä molemmat seikat mielessä, kun tutkimme ja opiskelemme Jumalan hallintavaltaa. Valtakunta on samaan aikaan "nyt" ja "ei vielä". Voimme kokea Jumalan hallintavaltaa nyt, mutta odotamme myös sen tuntemista tulevassa.

Valtakunta

Meille kuuluu paljon jo nyt, mutta vielä paljon enemmän vasta tulevassa.

Tämä tarkoittaa sitä, että meidän tulee pyrkiä elämään valtakuntaa todeksi nyt, mutta samalla tiedostaa, että valtakunta tulee täydellisessä muodossaan vasta tulevana päivänä. Liian monet uskovat keskittyvät joko ainoastaan tähän hetkeen tai vain tulevaan. Jotkut ovat niin uppoutuneita Jumalan palvelemiseen maan päällä, että heiltä puuttuvat toivo ja ilo, jotka tulevan valtakunnan odottaminen heille antaisi.

Toiset taas keskittyvät niin paljon "viimeiseen päivään", että he eivät elä todeksi Jumalan valtakuntaa maan päällä. Sen, joka haluaa todella ymmärtää valtakuntaa ja elää sen elämää, täytyy omaksua molemmat puolet, niin nykyinen kuin tuleva – ihan kuten Jeesuskin teki.

Valtakunnan ominaisuudet

Jos haluamme ymmärtää oikein, millainen valtakunta on, meidän täytyy sisäistää sen viisi perusominaisuutta:

Se kuuluu Jumalalle
Se on *Jumalan* valtakunta. Se on jatkuvaa täysivaltaista Jumalan toimintaa. Hän on vastuussa. Hän yksin hallitsee. Se ei ole demokratia! Se ei ole kutsu harrastaa hyviä tekoja tai sosiaalista toimintaa. Jumala itse on toiminut kautta historian, ja hän odottaa täydellistä itselle kuolemista jokaiselta ihmiseltä. Tämä ajatus heijastuu Psalmin 22 jakeessa 28, jossa sanotaan, että kuninkuus (engl. valtakunta, suom. huom.) kuuluu Herralle.

Se on dynaaminen ja voimakas
Mikään Jumalaan liittyvä ei voi olla heikkoa tai tehotonta. Valtakunta ei ole väliaikainen kokeilu. Se on pysyvä tila, jossa kaikkivoipa kuningas hallitsee kansaansa ja murskaa vihollisensa. Luukkaan evankeliumin jakeissa 11:20–22 Jeesus vertaa valtakunnan todellisuutta aseistetun ja väkevän miehen

Jumalan hallintavalta

voittamiseen. Demonisten voimien väkevä ulosajaminen kuuluu keskeisesti valtakuntaan.

Se tulee ihmeiden ja merkkien saattelemana

Kun Johannes Kastaja oli vankilassa, hän lähetti opetuslapsensa kysymään Jeesukselta, oliko hän todella "se, jonka oli määrä tulla", eli toisin sanoin oliko hän Messias. Vaikuttaa siltä, että Johannes epäili Jeesuksen palvelutyötä. Ehkä hän odotti toisenlaista valtakuntaa: sellaista, joka kukistaisi Rooman ja johtaisi Israelin täydelliseen voittoon vihollisistaan.

Vastauksessaan Jeesus käski opetuslasten mennä takaisin Johanneksen luo ja kertoa kaikesta, mitä he kuulivat ja näkivät: sokeat saivat näkönsä, rammat kävelivät, spitaaliset puhdistuivat ja kuurot kuulivat, kuolleet herätettiin henkiin ja köyhille julistettiin ilosanoma (Matt. 11:5).

Nämä merkit osoittivat, että Messias oli tullut ja hänen mukanaan Jumalan valtakunta. Myöhemmin Jeesus selitti, että valtakunta oli murtautumassa esiin. Tällä hän vihjasi, että saatanan hallintavalta oli kukistumassa (Matt. 11:12). Todisteena tästä oli se, että ihmeet, merkit ja Jeesuksen mahtavat teot tuhosivat saatanan aikaansaannoksia ja ihmisiä kääntyi Jumalan hallintavallan alle.

Se on Jeesuksen perustama

Luukkaan evankeliumin jakeissa 1:32–33 enkeli sanoo Jeesuksen olevan se, jolle annetaan Daavidin valtaistuin, ja jonka kuninkuus ei koskaan lopu. Myös Johannes tekee julistuksessaan selväksi, että Jeesus ja Jumalan valtakunta kuuluvat yhteen. Läpi evankeliumien valtakunta ja Ihmisen Poika liittyvät erottamattomasti yhteen (esimerkiksi jakeissa Matt. 16:28 ja Mark. 9:1). Tämä tarkoittaa, että Jeesus Messias – Kristus, Voideltu – on Jumalan edustaja ja perustaa hänen asialla Jumalan valtakunnan.

Valtakunta

Se on pelastukseksi
Valtakunnan tulemisessa näkyy Jumalan kuninkaallinen toiminta. Hän haluaa pelastaa ja siunata ihmisiä jokaisessa kansassa ja sukupolvessa. Pahojen henkien ulosajaminen todistaa hänen kuninkaallisesta voimastaan, parantamisessa näkyy hänen myötätuntonsa, mutta syntien anteeksi saaminen on kaikkein merkittävin valtakunnan julistukseen liittyvä ihme (Luuk. 5:20-21).

Jumalan valtakunnan salaisuus
Suurin osa Jeesuksen opetuksesta Jumalan valtakunnasta on vertausten muodossa. Kohdissa Matt. 13:1-52, Mark. 4:10-12 ja Luuk. 8:9-10 näemme, kuinka Jeesus käytti vertauksia paljastamaan salattuja asioita – tosin vain niille, jotka todella halusivat oppia tuntemaan Jumalan valtakunnan todellisen merkityksen. Käyttämällä vertauksia Jeesus varmisti, että valtakunta säilyisi salattuna niille, jotka eivät etsineet sitä tosissaan.

Tarkemmin sanottuna Jeesus puhuu valtakunnan "salaisuudesta" tai "salaisuuksista". Näitä tarkoittava sana musterion merkitsee "jotain, mikä oli aiemmin salattu, mutta on nyt paljastettu". Vertausten avulla Jeesus toi erityisesti ilmestystiedon siitä, että valtakunta tulisi ensin hengellisessä muodossa ennen kuin se aikojen lopussa ilmestyisi täydessä ja lopullisessa muodossaan.

Tämä tarkoittaa, että vain ne ihmiset, jotka ovat vakaasti päättäneet pyrkiä ymmärtämään ja vastaanottamaan Jeesuksen ilmestystiedon, pääsevät Jumalan valtakuntaan. Ja vain ne, joilla on avoin ja vastaanottavainen mieli, ymmärtävät Jeesuksen vertaukset valtakunnasta. Näissä vertauksissa esiintyy useita yhteisiä teemoja:

Kasvu
Monessa Matteuksen evankeliumin luvussa 13 esiintyvässä vertauksessa Jumalan valtakunnasta puhutaan kasvusta. Näitä ovat esimerkiksi kylväjävertaus (j. 1-23), vehnä ja rikkavilja (j. 24-30) ja sinapinsiemen (j. 31-32).

Jumalan hallintavalta

Vain yhdenlainen "maa" neljästä voi olla tuottoisaa, mutta se synnyttää ihmeellisiä tuloksia. Valtakunnan "hyvän siemenen" tunnistaminen voi olla vaikeaa, mutta se jatkaa kasvuaan aina Jumalan elonkorjuuseen asti. Vaikka lähtökohta olisi vaatimaton, siitä kasvaa varmuudella jotain suurta.

Suuri vastustus
Kylväjävertauksen ohdakkeet ja rikkaviljavertauksen vihollinen osoittavat, että valtakuntaa vastustetaan joka käänteessä. Vaikka kasvua tapahtuu, vastustustakin esiintyy aina.

Salattu luonne
Vertaus hapatteesta (j. 33) osoittaa, että vaatimattomat keinot tuottavat erinomaisia tuloksia. Tämä on maallisen ajattelu- ja toimintatavan täydellinen vastakohta.

Suuri arvo
Vertaukset aarteesta (j. 44) ja helmestä (j. 45–46) osoittavat valtakunnan mittaamattoman arvon. Kaikki eivät kuitenkaan arvosta tai etsi sitä.

Arvoituksellinen yhteiselo
Vertaukset nuotasta (j. 47–52) ja rikkaviljasta (j. 24–30) osoittavat, että sekä vanhurskaat että jumalattomat ovat maailmassa lopun aikoihin asti. Heitä ei tulisi pyrkiä erottelemaan ennen aikojen loppua, koska vain kuningas voi toimia tuomarina. Vain hän pystyy erottelemaan virheettömästi nämä kaksi ryhmää toisistaan ilman, että yhtäkään vanhurskasta vahingossa vahingoitetaan.

Kansainvälinen luonne
Vertaus viinitarhan vuokraajista (Matt. 21:33–46) antaa ymmärtää, että valtakunta ei kuulu pelkästään juutalaisille, vaan myös muille kansoille.

Valtakunta

Katumus ja kuuliaisuus
Vertauksessa kahdesta pojasta (Matt. 21:28–32) korostuu katumuksen ja kuuliaisuuden tärkeys. Jopa portot ja publikaanit menevät Jumalan valtakuntaan ennemmin kuin uskonnolliset johtajat – jos he täyttävät valtakuntaan pääsyn kriteerit ja johtajat eivät.

Ankaria varoituksia
Vertaukset morsiusneidoista (Matt. 25:1–13) ja kuninkaanpojan häistä (Matt. 22:1–14) varoittavat ankarasti siitä, ettei meidän tule jättää huomiotta tai suhtautua kevyesti valtakunnan kutsuun. Huomaa, että vaikka varoitus koskee tulevaa, se haastaa meitä toimimaan nykyhetkessä.

Valtakunta Uudessa testamentissa
Kuten edellä todettiin, valtakunta on hallitseva teema Jeesuksen opetuksissa. Siitä on eniten merkintöjä Matteuksen, Markuksen ja Luukkaan evankeliumeissa – ja näistä erityisesti Matteuksen evankeliumissa. Tässä kirjassa tutkitaan monia Jeesuksen opetuksia valtakunnasta, mutta niitä käsitellään Matteuksen evankeliumin alkupuolella (luvuissa 5–7) löytyvän vuorisaarnan pohjalta. Se sisältää Jeesuksen selkeimmän opetuksen valtakunnasta. Monet ymmärtävät sen kuitenkin väärin ja tulkitsevat sen sisältävän uusia Jumalan säätämiä lakeja sen sijaan, että näkisivät sen kuvauksena sellaisesta elämästä, jota Jumala saa hallita.

Termit "taivasten valtakunta" ja "Jumalan valtakunta" eivät esiinny kovin usein muualla Uudessa testamentissa, mutta niihin sisältyvä ajatus siitä, että Jumala hallitsee Kristuksessa, ja että meillä on vapaus laista, kulkevat läpi koko Uuden testamentin. Sanan "valtakunta" tilalla käytetään termejä kuten "Jeesuksen herruus", mutta ne ovat vain eri sanamuotoja ilmaisemaan sama totuus.

On ehdottoman tärkeää tutkia, missä yhteydessä termiä "valtakunta" käytetään Uudessa testamentissa, jotta voidaan ymmärtää Jumalan nykyistä ja tulevaa hallintavaltaa.

Jumalan hallintavalta

Johanneksen evankeliumi

- Jeesus yhdistää valtakunnan näkemisen ja sinne pääsemisen uudesti syntymiseen (Joh. 3:1-21). Valtakunta on Jumalan toimintaa, eikä kukaan voi nähdä sitä tai päästä sinne ilman, että syntyy uudesti ylhäältä *Jumalan toimesta*. Se on täysin Jumalan työtä, ei ihmisten.

- Jeesus puhuu Pilatukselle valtakunnastaan luvun 18 jakeissa 33-38. Hän erottaa toisistaan poliittisen ja hengellisen kuninkuuden ja osoittaa, että hänen kuninkuutensa ei taistele asein, vaan todistaa totuuden puolesta.

Apostolien teot

- Apostolien tekojen kohdissa 19:8, 20:25 ja 28:23 kerrotaan, että apostolit saarnasivat Jumalan valtakuntaa ja todistivat siitä. Yleensä apostolien teoissa sanotaan, että apostolit saarnasivat "Herran sanaa" (mm. 19:10). Vaikuttaakin siltä, että näillä kahdella tarkoitetaan samaa asiaa. Voimme siis sanoa, että Jumalan sana ilmentää hänen valtaansa, ja että hän hallitsee sanansa kautta.

- Lisäksi jakeissa 20:24-25 rinnastetaan valtakunnan julistaminen ja "evankeliumin julistaminen Jumalan armosta" ja jakeissa 28:23 ja 28:31 valtakunnasta puhuminen ja Herrasta Jeesuksesta Kristuksesta opettaminen.

Paavalin kirjeet

- Room. 14:17 oikaisee niitä, joiden mielestä valtakunta on lakeja ja sääntöjä.

- 1. Kor. 4:20 osoittaa, että valtakunta ei ilmene puheina.

- Kohdissa 1. Kor. 6:9-10, Gal. 5:21 ja Ef. 5:5 viitataan valtakunnan perimiseen ja ilmaistaan, että sen

Valtakunta

pitäisi motivoida meitä käyttäytymään oikein. Moraalittomuus ja siveettömyys estävät uskovia saamasta perintöosansa.

- 1. Korinttilaiskirjeen jakeissa 15:24–28 kerrotaan, että lopussa Jeesus luovuttaa kuninkuuden (valtakunnan) takaisin Jumalalle, mutta näiden jakeiden pääajatus on, että Kristus hallitsee nyt. Niiden painotus on nykyisessä toiminnassa, vaikka samalla odotetaankin tulevaa huipentumaa.

- 1. Kor. 15:50 muistuttaa meitä siitä, että valtakuntaan ei pääse ihmisvoimin.

- Kol. 1:13–14 yhdistää valtakunnan pelastukseen ja anteeksiantoon sekä viittaa evankeliumien tavoin täydelliseen voittoon pimeyden vallasta. Se ilmaistaan eri sanoilla, mutta ajatus on sama.

- Kol. 4:11 sanoo epäsuorasti, että valtakunta on Paavalin lähetystyön tarkoitus.

- 1. Tess. 2:12 tekee selväksi, että Jumalan valtakunnan kansalaisten, siis Jumalan hallintavallan alla elävien ihmisten, odotetaan elävän Jumalan mielen mukaista elämää.

- Jakeissa 2. Tess. 1:5 ja 2. Tim. 4:1 ja 4:18 puhutaan tulevasta valtakunnasta.

Muut kirjeet

- Heprealaiskirjeen jakeessa 12:28 on ajatus nykyisestä kokemuksesta ja tulevasta toivosta.

- Jaak. 2:5 mainitsee perintöosan.

- 2. Piet. 1:11 puhuu valtakuntaan astumisesta.

- Ilmestyskirjassa on useita viittauksia Jumalan valtakuntaan. Niistä suurimmassa osassa puhutaan valtakuntaa kohtaavasta vastustuksesta sekä valtakunnan lopulli-

Jumalan hallintavalta

sesta tulemisesta (esim. 1:9, 11:15 ja 12:10). Ilmestyskirjassa esiintyvä näky Uudesta Jerusalemista on kaikkien raamatullisten, tulevaa valtakuntaa koskevien lupausten täyttymys.

Näemme, että samat teemat toistuvat kaikissa niissä Raamatun kohdissa, joissa puhutaan valtakunnasta: nykyhetki ja tuleva, vastustus, pelastus, perintö sekä Jumalan sana ja armo.

Apostolien teoissa 1:3 näemme, että Jeesus opetti opetuslapsille valtakunnasta ylösnousemisensa ja taivaaseen astumisensa välisinä 40 päivänä. Opetuslapset pyrkivät ymmärtämään Jumalan hallintavaltaa silloin, kun Jeesus vielä oli henkilökohtaisesti paikalla. Oli kuitenkin ihan eri asia ymmärtää, kuinka Jumalan valtakunta, hallintavalta, toimisi silloin, kun Jeesus ei enää olisi konkreettisesti heidän kanssaan.

Oletettavasti Jeesus antoi heille ohjeet siitä, kuinka elää ja mitä saarnata, sillä Ap.t. 17:7 näemme, että he jatkoivat Jeesuksen kuninkuuden julistamista. Jumalan hallintavalta oli saanut hyvän otteen varhaisista kristityistä, ja se näkyi heidän julistamassaan vallankumouksellisessa sanomassa. Jeesus hallitsi heitä ja heissä, ilmaisivatpa he tämän sanalla "kuningas" puhuessaan juutalaisille tai sanalla "Herra" (keisari) puhuessaan pakanoille.

Valtakunta ja seurakunta
Valtakunnalla ja seurakunnalla on selvä yhteys, mutta ne eivät ole sama asia. Seurakuntaa ei voi kuvata tai nimetä valtakunnaksi. Seurakunta on Jeesukselle kuuluvien ihmisten joukko – sekä niiden, jotka ovat maan päällä, että niiden, jotka ovat jo taivaassa hänen kanssaan. Valtakuntaa taas on kaikki se toiminta, mitä Jumala Kristuksen kautta tekee maailmassa.

Kristus on niin valtakunnan kuin myös seurakunnan ydin. "Seurakunta" kuitenkin saa huomiomme kiinnittymään hänen tekojensa seurauksiin: morsiameen, ruumiiseen ja niin edelleen. "Valtakunta" sen sijaan keskittää katseemme häneen ja hänen toimintaansa. Seurakunta koostuu niistä, jotka ovat

Valtakunta

ottaneet vastaan valtakunnan evankeliumin, sen tarjoaman pelastuksen, ja jotka ovat valtakunnan perillisiä, mutta seurakunta ei ole sama kuin valtakunta.

Valtakunta on kuitenkin näkyvässä muodossaan juuri kristityissä uskovissa, siis seurakunnassa. Me olemme maailman valo, maan suola, ne, joiden elämissä Kuningas hallitsee ja joita vain hän opettaa. Tämän vuoksi seurakunta on valtakunnan työkalu: me toteutamme valtakunnan tekoja elämällä Jumalan hallintavallan alla.

Seurakunta on kutsuttu julistamaan Jumalan valtakuntaa maailmalle ja rukoilemaan valtakunnan tulemista loistossaan. Valtakunnan tulisi aina vaikuttaa seurakuntaan, mutta seurakunnasta ei koskaan tule valtakunta. Toisin sanoen meidät on tarkoitettu Jumalan hallintavallan alle, mutta emme koskaan saisi alkaa tai edes kykenisi määrittelemään, kuinka Jumalan tulisi hallita. Monet virheet seurakunnan ajattelussa ja toiminnassa ovat johtuneet siitä, että seurakunta on sekoitettu valtakunnan kanssa.

Valtakunta on tullut. Jeesus on kuningas. Hän on yhtälailla kuningas siellä, missä seurakunta on heikko ja voimaton kuin siellä, missä se on elävä ja voimakas. Hänen kuninkuutensa ei riipu seurakunnan tilasta, koska se on jotain, mikä kuuluu hänelle joka tapauksessa. Seurakunta on kuitenkin riippuvainen valtakunnasta.

Jokaisen seurakunnan jäsenen ja kaiken seurakunnassa tapahtuvan toiminnan täytyy kuulua Jumalan valtakuntaan – olla Jumalan hallitsemaa Kristuksen kautta.

Valtakunta ja valtio

Kysymys valtakunnan ja valtion suhteesta on samankaltainen kuin edellinen valtakunnan ja seurakunnan välinen ero. Tässäkin asiassa on seurakunnassa ollut paljon epäselvyyttä. Eri historian aikoina ihmiset ovat pyrkineet yhdistämään käsityksen Raamatun opettamasta Jumalan valtakunnasta ja käsityksen maallisesta valtiosta. Tällainen ajattelu on kuitenkin aina johtanut ongelmiin, sillä se on räikeässä ristiriidassa

Jumalan hallintavalta

Jeesuksen opetuksen kanssa: "Antakaa siis keisarille mikä keisarille kuuluu ja Jumalalle mikä Jumalalle kuuluu" (Matt. 22:21).

Tämä perustavanlaatuinen seurakunnan ja valtion erottaminen tarkoittaa, että Jumalan valtakunta ei tule maailmalle tyypillisillä poliittisilla, ekonomisilla, sosiaalisilla tai sotilaallisilla keinoilla. Tämän kirjan neljännessä osassa näemme, kuinka kristityt on kutsuttu olemaan yhteiskunnan "suola ja valo", mutta missään kohtaa Uudessa testamentissa ei ole sanottu, että meidän tulisi tehdä Jumalan valtakunnasta maanpäällinen poliittinen valtakunta. Näemme valtakunnan ulkoisen ilmenemismuodon vasta silloin, kun Jeesus palaa maan päälle kuninkaana ja perustaa Jumalan valtakunnan sen täydessä muodossa.

Aina kun kristityt ovat yrittäneet tuoda Jumalan valtakunnan käyttämällä sotilaallista voimaa, poliittisia keinoja tai sosiaalisia ja ekonomisia rakenteita, on lopputulos ollut traaginen. Keisari Konstantinus 300-luvulla, kristityt ristiretkeilijät keskiajalla, jotkut 1500-luvun uskonpuhdistajat sekä jotkut 1900-luvun kristityt fundamentalistit sortuivat kaikki tähän. Kun tutkimme tässä kirjassa tarkasti Jumalan valtakunnan todellista luonnetta huomaamme, että se on pohjimmiltaan *hengellinen* valtakunta, eikä se voi tulla ihmisvoimin.

On kyllä totta, että Vanhassa testamentissa Jumalan kansan oli määrä elää teokraattisessa valtiossa, jossa Jumala hallitsi lakiensa kautta, jotka olivat myös maan lait. Mutta Jeesus muutti tämän, kun hän täytti kaikki Jumalan lait ja perusti Jumalan valtakunnan sydämiimme uskon kautta. Jokainen uskonto, joka tänä päivänä pyrkii perustamaan Jumalan valtakunnan maan päälle poliittisilla tai muilla keinoilla, on erittäin kaukana Jumalan tarkoitusperistä.

Tämän kirjan lopuissa luvuissa tutkitaan ja sovelletaan sitä, mitä tarkoittaa elää yltäkylläistä elämää Jumalan hallintavallan alla tänään, kunnes Jeesus tuo Jumalan valtakunnan sen täydessä muodossa aikojen lopussa.

Osa 2

Valtakunnan kutsu

Kun Johannes Kastaja oli vangittu, Jeesus meni Galileaan ja alkoi julistaa hyvää sanomaa Jumalasta. Markuksen evankeliumin jakeissa 1:14–15 kerrotaan, että tämä hyvä sanoma oli: "Aika on täyttynyt, ja Jumalan valtakunta on tullut lähelle; tehkää parannus ja uskokaa evankeliumi" (v. 1938 käännös). Matteuksen evankeliumin jakeissa 3:1 ja 4:17 kerrotaan, kuinka sekä Johannes että Jeesus julistivat samaa sanomaa palvelustehtäviensä alussa. Tämä sanoma puhuu siitä, että valtakunnan tuleminen ei vain ollut tapahtuma, joka täytyi ilmoittaa, vaan sen tulemiseen liittyi haaste, johon ihmisten täytyi vastata.

Johannes Kastaja ja Jeesus molemmat näkivät Jumalan valtakunnan tulemisen niin merkittävänä tapahtumana, että siihen täytyi liittää kutsu ajattelutavan ja perimmiltään myös käyttäytymistavan muutokseen. Jeesus ilmoitti valtakunnan tulemisen selkein ja yksinkertaisin sanoin.

1. Aika on täyttynyt. Nyt oli alkamassa Jumalan henkilökohtaisen hallintavallan aika.
2. Jokaisen tulee vastata radikaalilla, henkilökohtaisella tavalla tähän uuteen aikaan.
3. Jumala vaatii, että jokainen antautuu täysin hänelle. Tämä tarkoittaa, että ihmisen täytyy tehdä parannus ja uskoa.

Kutsu tehdä parannus

Koska Johannes ja Jeesus tekevät selväksi, että valtakunnan tärkein kutsu on "tehkää parannus", meidän täytyy varmistaa, että ymmärrämme täysin, mitä sillä tarkoitetaan. Monet mieltävät parannuksen tekemisen tarkoittavan käyttäytymisen muuttamista. Se ei kuitenkaan pidä paikkaansa, tai muutenhan

Jumalan hallintavalta

valtakunnan kutsu olisi käytännössä sama kuin "muuta käytöstäsi ja sitten usko", mitä se ei selvästikään ole. Ennen kuin selitän tätä tarkemmin, on hyödyllistä luoda lyhyt katsaus niihin sanoihin, joita Raamatussa käytetään parannuksen tekemisestä.

Parannuksen tekeminen Vanhassa testamentissa
Nacham

Vanhassa testamentissa esiintyvä heprean sana *nacham* on yleensä käännetty sanoilla "muuttaa mieltä" tai "katua" (englanninkielisessä käännöksessä "tehdä parannusta", suom. huom.). *Nacham*-sanan juuri heijastaa ajatusta syvään hengittämisestä ja sanatarkasti se tarkoittaa "huohottaa", "huokaista" tai "ähkäistä". Hepreassa sana *nacham* merkitsi yleensä "katua" tai "surra". Se sai merkityksen "tehdä parannusta" silloin, kun katuminen sai ihmisen pohtimaan omaa luonnettaan ja käytöstään, mikä taas synnytti halun toimia toisten parhaaksi, mikä sitten näkyi myötätunnon ja sympatian osoittamisena.

Sanaa *nacham* ei lähes koskaan käytetä siitä, kun ihminen katuu ja muuttaa mieltään, vaan sillä kuvataan yleensä sitä, kun Jumala "tekee parannusta". Näemme tämän kohdissa 1. Moos. 6:6, 2. Moos. 32:14, Tuom. 2:18, 1. Sam. 15:35, Jer. 26:19 ja Aam. 7:3,6. Nämä kohdat osoittavat, ettei parannuksen tekeminen voi tarkoittaa "lopettaa pahojen tekojen tekeminen", vaan se nimenomaan tarkoittaa "mielen muuttamista". Myös kohdissa 1. Moos. 18:16–33 ja Joona 3:10 voimme lukea, että Jumala muutti mieltään.

Meidän täytyy kuitenkin pitää mielessä, että Jumala muuttaa mieltään aina johdonmukaisesti oman muuttumattoman luonteensa ja ennalta määrättyjen tarkoitusperiensä mukaan. Esimerkiksi hänen mielenmuutoksensa Joonan luvussa 3 heijastaa hänen iankaikkista haluaan siunata niitä, jotka kääntyvät hänen puoleensa.

Valtakunnan kutsu

Shuwb

Vanhemmissa englanninkielisissä käännöksissä heprean sana *shuwb* on usein käännetty sanalla "parannuksen teko" silloin, kun se on jotain, mitä ihmiset tekevät. Sanatarkasti *shuwb* kuitenkin tarkoittaa "kääntyä" tai "muuttaa suuntaa", eikä niinkään "muuttaa mieltä". Vanhassa testamentissa sitä käytetään Jumalan puoleen kääntymisestä. Esimerkkejä tästä löytyy kohdissa 2. Kun. 17:13 ja 23:25, 2. Aik. 6:26, 7:14, 15:4 ja 30:6, Neh. 1:9, Ps. 78:34, Jes. 19:22 ja 55:7, Jer. 3:12,14,22 ja 18:8, Hes. 18:21 ja 33:11,14, Dan. 9:13, Hoos. 14:1,2, Joel 2:13, Joona 3:10, Sak. 1:3,4 ja Mal. 3:7.

Sanalla *shuwb* kuvataan positiivista mielensisäistä toimintaa. Se ei ensisijaisesti tarkoita sitä, että lakataan tekemästä jotain, vaan ennen kaikkea täysin Jumalan puoleen kääntymistä koko olemuksella. Tiedämme, että Jumalan puoleen kääntyminen tarkoittaa sitä, että samalla käännytään pois syntisistä ajatuksista, asenteista ja teoista – mutta täytyy muistaa, että se on seurausta Jumalan puoleen kääntymisestä, ei sen syy.

Parannuksen tekeminen Uudessa testamentissa
Metanoia

Uudessa testamentissa verbi *metanoeo* tarkoittaa "tehdä parannusta" ja substantiivi *metanoia* "parannuksen teko". Molemmat sanat on muodostettu yhdistämällä sana *meta*, joka tarkoittaa "jälkeen" tai "muutos" sekä sana *nous*, joka tarkoittaa "mieli". Tämä osoittaa, että parannuksen tekeminen todella tarkoittaa täydellistä ajatusten, asenteiden, näkökulman ja suunnan muutosta. Parannuksen tekeminen on toisin sanoen mielessä tapahtuva vallankumous – radikaali "jälkiviisaus" tai jyrkkä "mielenmuutos".

Se tarkoittaa sitä, että muutamme mieltämme Jumalasta, muutamme käsityksiämme hänen luonteestaan ja kuninkuudestaan ja muutamme sitä, mitä ajattelemme Jeesuksesta, synnistä, pyhyydestä ja itsestämme. Parannuksen teko tarkoittaa siis yksinkertaisesti sitä, että emme enää

Jumalan hallintavalta

ajattele asioita omasta näkökulmastamme, vaan Jumalan näkökulmasta.

Metanoia-sanan laajempi käyttö Uudessa testamentissa auttaa meitä ymmärtämään vielä paremmin, mitä parannuksen tekeminen tarkoittaa.

- ◆ Jeesus aloitti palvelutyönsä kutsumalla ihmisiä tekemään parannusta – Matt. 4:17 (v. 1938 käännös).

- ◆ Jeesus päätti palvelutyönsä kehottamalla opetuslapsia saarnaamaan parannuksen tekemistä kaikille kansoille – Luuk. 24:47.

- ◆ Jeesus opetti, että pelastusta täytyi edeltää parannuksen tekeminen – Luuk. 13:3–5.

- ◆ Jeesus lähetti kaksitoista opetuslasta julistamaan, että kaikkien tuli tehdä parannus – Mark. 6:12 (v. 1938 käännös).

- ◆ Jeesus kutsui syntisiä, ei vanhurskaita, tekemään parannusta – Luuk. 5:32.

- ◆ Taivaassa iloitaan, kun syntinen kääntyy ja tekee parannuksen – Luuk. 15:7,10.

- ◆ Pietari korjasi helluntaina kuulijoiden vääriä käsityksiä Jeesuksesta ja kutsui heitä tekemään parannusta – Ap.t. 2:38.

- ◆ Paavali haastoi ateenalaisten ajatukset Jumalasta ja kertoi heille, että tosi Jumala vaatii kaikkia ihmisiä tekemään parannuksen – Ap.t. 17:30.

- ◆ Jäähyväispuheessaan Efeson johtajille Paavali sanoo tarkoituksensa olleen taivuttaa ihmiset "kääntymään Jumalan puoleen" – Ap.t. 20:21.

- ◆ Ajatusmaailman vallankumous – parannuksen tekeminen – ei onnistu ihmisvoimin, vaan se on Jumalan antaman lahja – Ap.t. 5:31 ja 11:18.

Valtakunnan kutsu

◆ Parannuksen tekeminen liittyy kahteen Jumalan antamaan lahjaan, anteeksi saamiseen ja ikuiseen elämään – Luuk. 24:47, Ap.t. 2:38, 3:19, 5:31 ja 11:18.

Nämä jakeet osoittavat, että parannuksen tekeminen on ehdoton vaatimus niille, jotka haluavat seurata Jeesusta. Se on jokaisen ihmisen velvollisuus. Ennen kuin ihminen tekee parannusta ja muuttaa käsitystään (tai antaa Jumalan muuttaa sitä) Jumalasta ja itsestään, hän ei ymmärrä tarvitsevansa pelastusta.

Kuten edellä todettiin, juutalaisilla oli monia vääriä käsityksiä Jumalan valtakunnasta. Heillä oli myös monia vääriä oletuksia Messiaasta. Kutsu tehdä parannusta kontekstissa, jossa heille ilmoitettiin, että valtakunta oli tullut lähelle, merkitsi kutsua perinpohjaiseen mielenmuutokseen. Useimmille ihmisille mikään ei ole sitä vaikeampaa.

Vain ne, jotka ymmärtävät sekä oman kykenemättömyytensä pelastaa itsensä että suuren tarpeensa saada uusi suhde Jumalan kanssa, voivat todella hyötyä siitä, mitä Jeesus elämällään ja kuolemallaan saavutti. Tämä omaa tilaamme ja Jumalan luonnetta koskeva mielenmuutos ei yksinään riitä, mutta se on oleellinen alkusysäys muutokselle.

Metamelomai
Uudessa testamentissa käytetään myös kreikan verbiä *metamelomai*, kun puhutaan parannuksen tekemisestä. Kuten heprean sana *nacham*, sekin ilmaisee parannuksen teon tunnepuolta ja tarkoittaa "katua" tai "tuntea katumusta". Jeesus käyttää *metamelomai*-sanaa vertauksessa kahdesta pojasta (Matt. 21:29 ja 32). Molemmat pojat lähetettiin viinitarhaan töihin. Toinen sanoi, ettei menisi, mutta tuli myöhemmin toisiin ajatuksiin (katui päätöstään) ja meni. Toinen sanoi menevänsä, muttei mennytkään.

Metamelomai-sanalla kuvattu tunne ei kuitenkaan aina johda aitoon parannuksen tekemiseen, vaan se saattaa synnyttää pelkkää katumusta. Matteuksen evankeliumin jakeessa 27:3 Juudas katui vain mielessään, eikä se johtanut

Jumalan hallintavalta

synnin hylkäämiseen. Katumiseen liittyvä suru ei ole todellista, jos se ei johda toimintaan. Sen täytyy synnyttää jumalallista murhetta ja tuskaa siitä, että on loukannut Jumalaa. Voimme ymmärtää tästä, että parannuksen tekemiseen liittyy joko mielenmuutos tai jumalallinen murhe sekä katumus – eli tunne siitä, että on tehnyt väärin. Nämä yhdessä johtavat lopulta muutokseen ihmisen elämässä ja toimintatavoissa, niin kuin tapahtui ensimmäiselle pojalle Jeesuksen vertauksessa kahdesta pojasta.

Epistrepho

Uudessa testamentissa esiintyvä kreikan sana *epistrepho* on sanan *shuwb* vastine. Myös se tarkoittaa "kääntyä" ja on usein myös käännetty niin.

Apostolien tekojen jakeet 3:19 ja 26:20 osoittavat, että parannuksen tekeminen ja kääntyminen (Jumalan puoleen) liittyvät toisiinsa, mutta eivät tarkoita samaa. Kääntyminen on koko Jumalan puoleen kääntymisen prosessi, kun taas katuminen ja parannuksen tekeminen ovat vain osa tätä prosessia. Kääntymisellä kuvataan sitä, kun käännymme kokonaisvaltaisesti Jumalan syliin. Parannuksen tekeminen taas on mielensisäistä vallankumousta, jossa ajatuksemme, arvomme ja näkemyksemme muuttuvat perusteellisesti.

Sanaa *epistrepho* käytetään alleviivaamaan sitä muutosta, mikä seuraa parannuksen tekemistä sekä ilmaisemaan niitä positiivisia puolia, jotka liittyvät katumiseen.

Tässä oli katsaus niihin kolmeen sanaan, joita Uudessa testamentissa käytetään parannuksen tekemisestä. Ne olivat siis *metanoeo*, joka kuvaa parannuksen tekoon liittyvää mielenmuutosta, *metamelomai*, joka kuvaa siihen liittyvää tunnepuolta sekä *epistrepho*, jolla kuvataan toimintaa, jossa käännytään pois synnistä ja kehitetään uusi elämäntyyli, joka perustuu kuuliaisuudelle Herraa kohtaan.

Todellinen parannuksen tekeminen sisältää kaikki kolme näkökulmaa. Kuitenkin ensimmäinen niistä, mielenmuutos,

Valtakunnan kutsu

on pelastuksen kannalta oleellisin, ja juuri siihen Johannes ja Jeesus viittaavat kehottaessaan ihmisiä "tekemään parannus ja uskomaan". Vasta kun näemme Jeesuksen oikeassa valossa, voimme todella ottaa hänet vastaan. Tämä tarkoittaa sitä, että pelastusta edeltää aina parannuksen tekeminen mielen ja ajattelun tasolla.

Todellinen raamatullinen parannuksen tekeminen ei ole käyttäytymisen muuttamista, vaan käyttäytymisen muuttuminen on seurausta siitä. Parannuksen teon näkyminen käyttäytymisessä on sen hedelmää, että ihminen on todella pelastunut ja kääntynyt kokonaisvaltaisesti Jumalan puoleen. Kun muutamme mieltämme ja tulemme toisiin ajatuksiin, kadumme väistämättömästi tekemiämme vääriä asioita ja pyrimme lopettamaan niiden tekemisen. Parannuksen teon eri puolet – mieli ja ajattelu, tunnepuoli sekä kääntyminen – ovat siis kaikki yhteydessä toisiinsa.

Ne jotka sanovat parannuksen tekemisen olevan ensisijaisesti sitä, että "ihminen lopettaa synnissä elämisen" eivät ole vain erehtyneet jonkin kreikan sanan merkityksestä, vaan ennen kaikkea he vihjaavat, että pelastus voitaisiin ansaita ihmisvoimin sen sijaan, että se saataisiin Jumalan armosta uskon kautta. Uusi testamentti kuitenkin paljastaa, että ihmisen omat teot eivät millään tavalla liity pelastumiseen, pelastusvarmuuteen tai pelastuksessa pysymiseen, vaan ne ovat vain osoituksena muille pelastuksestamme – kuten mm. Matt. 5:16 osoittaa.

Opetus siitä, että parannuksen tekeminen tarkoittaisi syntisten tapojen hylkäämistä ja käyttäytymisen muuttamista, johtaa vain lain alle ja pettymyksiin. Kuten edellä todettiin, Jumalan valtakunnan tuleminen, hänen hallintavaltansa, oli tarkoitus vapauttaa meidät laista, joten valtakunnan kutsu parannuksen tekoon ei voi tarkoittaa sellaista, mikä on täysin ristiriidassa valtakunnan perusolemuksen kanssa.

Yksi asia on kuitenkin selvää: kristillisen parannuksen teon tulisi aina kantaa hedelmää. Tämä tulee selväksi Luukkaan evankeliumin jakeissa 3:8–14, joissa myös esitellään mullistavia

Jumalan hallintavalta

ajatuksia siitä, millaista tuo hedelmä voisi olla. Johanneksen kuvailemat kolme esimerkkiä ovat kuitenkin parannuksen teon hedelmää, eivät esimerkkejä siitä, kuinka parannusta tehdään.

Näiden ero selviää roomalaiskirjeen jakeessa 12:2. Meidän ei tule mukautua tämän maailman menoon, vaan muuttua mielenuudistuksen kautta. Vaikka Paavali ei tässä kohdassa käytä sanaa "parannuksen teko", hän kuvaa mielen vallankumousta, joka on avain Jumalan tahdon tuntemiseen, vapautumiseen maailman ajattelu- ja toimintatavoista sekä hedelmän kantamiseen muuttuneessa elämässä. Tämä sisäinen vallankumous opetuslasten ajattelutavoissa, asenteissa ja suunnassa on se, mikä johtaa muuttuneisiin elämiin, jotka kantavat hedelmää, kun ne alistuvat Jumalan henkilökohtaisen hallintavallan alle.

Varmaa on, että jos ihminen muuttaa mielensä koskien Jumalaa, Jeesusta, syntiä ja kaikkea muuta, niin ainoa johdonmukainen ja looginen seuraus on se, että hän hylkää kaiken synnin ja tiedostaa, ettei se kuuluu uskovan elämään. Tämä on kuitenkin aikaa vievä prosessi. Itse asiassa käyttäytymisen muuttaminen tai synnistä pois kääntyminen on prosessi, joka jatkuu läpi koko elämän, eikä se koskaan tule päätökseen siinä merkityksessä, että ihminen eläisi täysin synnistä vapaata elämää. Kaikki uskovat eivät kulje johdonmukaisesti eteenpäin, mutta ne, jotka elävät parannuksen paikalla, voivat kasvaa täysikasvuisiksi ja täydellisiksi rakkaudessa, jolloin he osaavat kääntyä pois tietoisista synneistään ja heidän luonteensa muuttuu aidosti kristityksi. Jeesus puhui näistä kristityn elämän eri vaiheista, ja ne, jotka elävät johdonmukaisesti hänelle, saavat siitä palkan.

Kutsu uskoa

Kun alamme ymmärtää, että ensimmäinen valtakunnan kutsu "tehdä parannusta" tarkoittaa "mielenmuutosta", selkenee myös syy sille, miksi "uskoa" on toinen valtakunnan kutsu.

Valtakunnan kutsu

Jokaiseen mielenmuutokseen liittyy automaattisesti usko uusiin asioihin. Ilman uutta uskoa ei ole voinut tapahtua mielenmuutosta, eikä siis myöskään parannuksen tekemistä. Monille ihmisille "uskominen" on älyllistä toimintaa, mutta Uudessa testamentissa "uskomiseen" sisältyy aina myös käytännöllistä toimintaa; voidaan sanoa, että se on parannuksen tekemisen soveltamista käytäntöön.

Luottamus ja usko
Uudessa testamentissa käytetty kreikan sana "uskoa" on *pisteuo*, joka tarkoittaa "olla vakuuttunut jostain", "laittaa luottamus johonkin" tai "luottaa". *Pisteuo* tarkoittaa sekä luottamista että ajattelemista. Kreikan sana *pistis* käännetään yleensä sanalla "luottamus", eli huomaamme, että "uskoa" ja "luottaa" ovat kaksi eri tapaa ilmaista sama kreikan merkitys. "Uskoa" on vain verbimuoto sanasta "luottamus".

Markuksen evankeliumin jakeen 1:5 mukaan Jeesuksen palvelutyön ensimmäiset sanat yhdistävät luottamuksen/ uskon ja parannuksen tekemisen. Julistaessaan valtakunnan olevan lähellä, Jeesus sanoo, että ihmisten täytyy parannuksen tekemisen lisäksi uskoa evankeliumi. Evankeliumin uskominen tarkoittaa Jeesukseen uskomista. Kuulijoiden tuli sitoutua kaikkeen, mitä Jeesus edusti – hänen koko elämäntehtäväänsä. Heidän tuli uskoa, luottaa ja turvautua Jeesukseen.

Evankeliumeissa kerrotaan useissa kohdissa, mitä uskominen merkitsee:

◆ Heti Markuksen evankeliumin 1:15 kohdan jälkeen Jeesus kutsuu ensimmäiset opetuslapset jättämään kalastusverkkonsa ja seuraamaan häntä.

◆ Monet parantumisihmeistä ovat suoraa seurausta ihmisten uskosta – Matt. 8:10,13, 9:22,29 ja 15:28, Mark. 9:24 ja 10:52, Luuk. 7:50 ja 17:19.

◆ Opetuslapsia nuhdellaan heidän vähäisestä uskostaan – Matt. 8:26, Mark. 4:40 ja Luuk. 8:25.

Jumalan hallintavalta

- ◆ Jeesus lupaa, että ne jotka uskovat, saisivat aikaan suuria – Matt. 17:20 ja 21:21–22, Luuk. 17:5.
- ◆ Kaikki on mahdollista sille, joka uskoo – Mark. 9:23.

Kaikki nämä uskon esimerkit osoittavat, että valtakuntaan liittyy aina vaatimus uskoa ja turvautua Jeesuksen voimaan. Jeesus julisti kaikella toiminnallaan sitä, että Jumalan tahtoa ei voi toteuttaa ihmisvoimin, vaan se on mahdollista ainoastaan silloin, kun usko yhdistää meidät Jumalan erityisiin toimintatapoihin. Tämä "mahdollisuus" vaatii sitä, että Jeesus on kaiken keskipiste. Jeesuksessa Jumala tekee sen, mikä on mahdotonta. Hänessä Jumala hallitsee henkilökohtaisesti.

Usko Johanneksen evankeliumissa

Johanneksen evankeliumin kohta 20:30–31 kertoo, että koko kirjan päätarkoitus on, että uskoisimme Jeesukseen. Se sisältääkin yli sata uskomista käsittelevää kohtaa. Huomionarvoista on, että Johannes käyttää aina verbimuotoa *pisteuo*, ei koskaan substantiivia *pistis*. Kukaan ei tiedä varmaksi miksi Johannes on valinnut kirjoittaa näin, mutta todennäköisesti hän on halunnut korostaa, että tärkeintä on uskominen eikä uskon omistaminen. Läpi Johanneksen evankeliumin uskoon liittyy aina suhde – se ei koskaan ole vain älyllinen uskontunnustus.

Johanneksen evankeliumissa käytetään muutamassa kohdassa ilmaisua, että ihmiset uskoivat Jeesuksen sanoman tai sanat – he siis uskoivat, että Jeesuksen sanat olivat totta. Uskon kohde on kuitenkin aina Jeesus itse, ja yleensä uskomiseen liittyi ihmisen henkilökohtainen luottamus häneen – kuten esimerkiksi kohdissa Joh. 4:50, 8:30, 12:11 ja 14:1. Joskus Jeesuksen teot synnyttivät uskoa – kuten kohdissa Joh. 2:11 ja 10:38. Useimmiten Jeesus kuitenkin pyysi seuraajiaan uskomaan itseensä – kuten kohdissa 14:1 ja 10.

Johanneksen evankeliumin jae 12:1 tekee selväksi, että pelastus on seurausta uskosta. Luottamuksen tai uskon kautta ihmiset pääsevät sisään Jumalan valtakuntaan. Tämä

Valtakunnan kutsu

tarkoittaa, että uskovien ja maailman välillä on selkeä ero. Jakeissa 3:16-17 todetaankin, että usko takaa iankaikkisen elämän ja sen puuttuminen johtaa kadotukseen.

Tiedämme, että usko Jeesukseen alkaa siitä hetkestä, kun ihminen muuttuu mieleltään radikaalilla tavalla eli tekee parannusta. Johannes ei mainitse termiä "parannuksen teko", mutta hän tuo selvästi esiin, että usko vaatii mielenmuutosta. Mielenmuutos ei kuitenkaan aina johda uskoon. Kun Jeesus ruokki 5000 miestä jakeissa 6:22-59, ihmiset näkivät ensin vain aineellisen leivän. Kun he sitten jakeissa 6:60-66 viimein ymmärsivät, että Jeesuksen elämänasenne olikin erilainen kuin heidän, moni heistä valitsi torjua hänet.

Uskomisessa on kyse ihmisen vastauksesta Jumalan kutsuun. Jumala esittelee meille Poikansa, ja meidän täytyy tehdä päätös siitä, miten suhtaudumme häneen. Johanneksen evankeliumissa on kuvattu tätä erilaisin termein kohdissa 5:24, 6:40,45, 8:43,47, 12:45,47, 14:7,9, 17:23 ja 18:37. Jos otamme Jeesuksen vastaan, tottelemme häntä, näemme hänet, tunnemme hänet jne., vastauksemme on myönteinen. Mutta jos emme vastaa näillä tavoilla, meillä ei ole uskoa eikä luottamusta ja hylkäämme Jumalan hallintavallan elämissämme.

Usko alkuseurakunnassa

Myös apostolien teoissa kerrotaan, että usko syntyy luonnollisena seurauksena parannuksen tekemisestä. Itse asiassa jakeissa 2:44, 4:4, 4:32, 9:42, 11:21 ja 14:23 sanotaan, että ensimmäistä kristillistä yhteisöä kutsuttiin "uskovien joukoksi". Kuten olettaa saattaa, ihmisten uskon kohde oli yleensä Jeesus itse (esimerkiksi 11:17, 14:23, 16:31, 19:4, 20:21 ja 24:24), vaikka joskus heidän kerrotaan uskoneen julistettuun sanaan (esimerkiksi 4:4 ja 17:1-12).

Henkilökohtainen usko Jeesukseen oli piirre, joka erotti kristityt muista ihmisistä. Heidän ei vain tarvinnut muuttaa mieltään koskien häntä, vaan myös luottaa, uskoa ja turvautua häneen, jotta he saattoivat saada omakseen kaiken sen,

Jumalan hallintavalta

mitä hän oli kuolemallaan ja ylösnousemuksellaan heidän edestään tehnyt. Tätä uskoon tuloon liittyvää prosessia käsitellään tarkemmin *Hengen miekka* -kirjasarjan osassa *Pelastus armosta*.

Kohdissa Room. 10:17, 1. Kor. 1:21 ja Ef. 1:13 ilmaistaan, että usko on ihmisten vastaus siihen, kun evankeliumia saarnataan. Mutta on aina kyse uskosta Jeesukseen, ja vain uskon kautta Jeesuksella on merkitystä ihmiselle. Usko tai luottamus eivät kuulu ainoastaan siihen yksittäiseen hetkeen, jossa ihminen ottaa vastaan Jumalan tarjoaman ilmaisen pelastuksen lahjan – josta Room. 3:22–25 puhuu –, vaan se on kaiken aikaa jatkuva prosessi. Samoin kuin meidät on kutsuttu jatkuvasti tekemään parannusta ja uudistumaan mieleltämme, meidät on myös kutsuttu elämään uskosta. Room. 1:17 ja Gal. 2:20 puhuvat tästä uskon progressiivisesta luonteesta.

Uudestisyntyminen

Kaikki, mitä opimme Jumalan valtakunnan kutsusta osoittaa, kuinka tärkeää on, että vastaamme Jeesukselle sydämistämme. Emme voi kuitenkaan olettaa, että pelkkä inhimillinen vastaus riittäisi. Johanneksen evankeliumin luvussa 3 Jeesus opettaa, että on välttämätöntä, että synnymme lisäksi uudesti. Hän viittaa Hesekielin kirjan jakeisiin 36:22–27 ja Jeremian kirjan jakeisiin 31:31–34 selittäessään Nikodemukselle, että ihminen pääsee näkemään Jumalan valtakunnan ja astumaan siihen sisään vain syntymällä uudesti ylhäältä. Tekemällä parannusta ja uskomalla pääsemme sisään Jumalan valtakuntaan, mutta ne tapahtuvat uudestisyntymisen kautta.

Tämä uudestisyntymisen painotus jatkuu läpi koko Uuden testamentin (2. Kor. 5:17, Jaak. 1:21, 1. Piet. 1:3 ja 1:23 ja 1. Joh. 3:9). Se osoittaa, ettemme kykene selviämään valtakunnan haasteista, jos emme ensin ole ottaneet vastaan Jumalan tarjoamaa elämää, valtakunnan elämää. Kaikki, mitä tässä kirjassa opimme valtakunnan elämäntyylistä nojaa siihen, että olemme ensin syntyneet uudesti. Vuorisaarnassa Jeesus kuvaa uudestisyntyneiden uskovien elämäntyyliä ja sitä, kuinka

Valtakunnan kutsu

voimme kasvaa valtakunnan asioissa. Se on mahdollista vain, jos olemme syntyneet uudesti.

Kutsu uskoa ei tarkoita vain sitä, että uskoisimme johonkin Jeesuksen yksittäiseen tekoon, vaan se on ennen kaikkea uudenlaisen uskontäyteisen suhteen muodostamista Jeesuksen kanssa – luottamalla ja turvaamalla ainoastaan häneen. Tästä pääsemme luonnollisella tavalla kolmanteen valtakunnan kutsuun.

Kutsu opetuslapseuteen
Markuksen evankeliumin jakeet 1:15–20 kertovat, kuinka Jeesus ensin julisti Jumalan valtakunnan tulleen lähelle, sitten kutsui ihmisiä tekemään parannusta ja uskomaan evankeliumi, ja lopuksi kutsui tiettyjä ihmisiä seuraamaan itseään henkilökohtaisesti. Tämä täysin sama järjestys on kuvattu myös Matteuksen evankeliumin jakeissa 4:17–22. Kun alamme uskoa Jeesukseen, huomaamme, että hän kutsuu meitä elämään uskoamme todeksi seuraamalla häntä – tulemalla hänen opetuslapsikseen.

Henkilökohtainen kutsu
Kreikan sana opetuslapselle on *mathetes*, ja se tarkoittaa sanatarkasti "joku, joka oppii". *Mathetes* tulee sanasta *manthano*, "oppia", mikä osoittaa, että perusteellisen ajattelemisen tulisi myös johtaa käytännön tekoihin. *Mathetes* paljastaa, että todelliset opetuslapset eivät ole sellaisia, jotka tottelevat sokeasti ja orjallisesti ajattelematta asioita itse, vaan sellaisia, jotka kuuntelevat opettajaansa, mietiskelevät hänen esittämiään asioita ja pyrkivät sitten laittamaan ne käytäntöön.

Lienee selvää, että tällainen opetuslapseus on luonnollista seurausta parannuksen teon ja uskomisen raamatullisesta ymmärtämisestä. Matteuksen evankeliumin jakeissa 11:28–30 Jeesus kutsuu meitä oppimaan suoraan itseltään – se on todellista opetuslapseutta. Jeesus ei kutsu meitä seuraamaan tiettyjä sääntöjä tai ohjeita, vaan häntä itseään – ja samoin hän

Jumalan hallintavalta

ei myöskään kutsu meitä vain oppimaan kirjoitetusta tekstistä tai kirjasta, vaan suoraan häneltä itseltään.

Yhteinen kutsu

Vaikka jokaisen meistä täytyy vastata henkilökohtaisesti ja itsenäisesti Jeesuksen kutsuun tulla hänen opetuslapsekseen, emme saa myöskään unohtaa, että meidät on kutsuttu seuraamaan Jeesusta yhtenä joukkona, hänen kansanaan. Muodostamme opetuslasten yhteisön, ja tämä yhteisöllinen näkökulma on ehdottoman tärkeä, jos haluamme todella ymmärtää Jumalan valtakuntaa. Jeesuksen seurakunta koostuu joukosta opetuslapsia, joilla on myös velvollisuus opetuslapseuttaa muita. Lähetyskäsky Matteuksen evankeliumin luvussa 28 tekee tämän selväksi.

Meidän jokaisen täytyy olla niin opetuslapsen asemassa seurakunnan sisällä kuin myös tarttua haasteeseen opetuslapseuttaa muita. Emme voi olla yksinäisiä susia ja ajatella, että henkilökohtainen kutsumme toimisi erillään kaikista muista Jeesuksen seuraajista. Jeesus vietti suurimman osan tärkeimmistä hetkistään 12 opetuslapsensa kanssa ja antoi näin erityisellä tavalla mallin siitä, mitä opetuslapseus tarkoittaa. Hän opetti heitä, koulutti heitä ja lopulta lähetti heidät "tekemään kaikista kansoista hänen opetuslapsiaan". Jeesuksen nykypäivän opetuslapset ovat alkaneet löytämään tämän opetuslapseuden ulottuvuuden uudestaan pienryhmien tai solujen kautta.

Välitön kutsu

Evankeliumeissa kerrotaan monia tarinoita ihmisistä, joita Jeesus kutsui seuraamaan itseään ja tulemaan opetuslapsiksi. Jokaisen kohdalla kutsu oli välitön. Heidän täytyi vastata hänen kutsuunsa heti, vaikka se olisi keskeyttänyt pahasti muut asiat heidän tai heidän ympärillään olevien ihmisten elämissä. Evankeliumeissa kerrotaan esimerkiksi seuraavista henkilöistä:

Valtakunnan kutsu

- Simon, Andreas, Jaakob ja Johannes – Matt. 4:18–22
- Matteus – Matt. 9:9
- Rikas nuorukainen – Matt. 19:21
- Henkilö, jonka nimeä ei mainita – Luuk. 9:59
- Filippus – Joh. 1:43.

Näemme näistä kertomuksista, että jotkut lähtivät heti seuraamaan Jeesusta, kun taas toiset keksivät tekosyitä eivätkä seuranneet häntä.

Vaikka valtakunnan kutsut kuulostaisivat houkuttelevilta, kukaan ei pakota meitä vastaamaan niihin myöntävästi. Jumala haluaa meidän aina vastaavaan rakkaudesta. Hän ei pakota meitä silloinkaan, kun emme halua seurata häntä hänen ehdoillaan ja aikataulussaan.

Lopullinen kutsu

Kutsu ei ollut ainoastaan välitön, vaan se oli myös lopullinen. Ihmiset kutsuttiin pysyvästi jättämään kaikki muu ja seuraamaan Jeesusta.

- Luuk. 9:62 osoittaa, että ei pitänyt katsoa taakse.
- Matt. 10:33 toteaa, että Jeesusta ei pidä kieltää ihmisten edessä.
- Joh. 8:31 tekee selväksi, että opetuslasten tulee pysyä Jeesuksen opetuksessa.

Jeesuksen seuraajaksi tai opetuslapseksi ryhtyminen ei ole vain hetkellinen tunteellinen tai älyllinen vastaus hänen opetukseensa – se on lopullinen päätös seurata Jeesusta, oppia häneltä, totella häntä ja pysyä häntä lähellä.

Kallis kutsu

Markuksen (1:16–20) ja Luukkaan (5:1–11) evankeliumeissa kerrotaan siitä, kun Jeesus kutsuu neljä kalastajaa – Simonin, Andreaksen, Jaakobin ja Johanneksen – opetuslapsikseen. Seuraamalla Jeesuksen ohjeita he saivat niin suuren

Jumalan hallintavalta

kalansaaliin, että heidän verkkonsa olivat repeämäisillään ja veneensä uppoamaisillaan.

Luukas 5:11 sanoo, että he "jättäen kaiken lähtivät seuraamaan Jeesusta". Tähän "kaiken"-sanaan täytyi sisältyä myös se ihmeellinen saalis, jonka he juuri olivat kovan työn tuloksena saaneet tuotua maihin. Tuo kalastusretki oli varmasti yksi heidän kaikkien aikojen menestyksekkäimmistä retkistään, mutta vastatessaan Jeesuksen kutsuun he jättivät jopa saamansa kalansaaliin rannalle ystävilleen ja perheilleen.

Luukkaan evankeliumin jakeissa 14:25-33 kerrotaan, kuinka suuret ihmisjoukot seurasivat Jeesusta. He olivat uteliaita ja kiinnostuneita, jopa haltioissaan, mutta eivät sitoutuneita. He eivät myöskään olleet laskeneet Jeesuksen seuraamisen hintaa. Näissä jakeissa näemme, että heiltä puuttui opetuslapsena olemisen ydin: he eivät olleet miettineet ja harkinneet tarkkaan, mitä Jeesuksen seuraaminen maksaisi. Ollakseen Jeesuksen opetuslapsia heidän täytyi olla valmiita jättämään kaikki.

Matteuksen evankeliumin jae 6:33 osoittaa, että meidän täytyy laittaa Jumalan valtakunta etusijalle. Ennen kaikkea muuta meidän täytyy etsiä Jumalan hallintavaltaa ja hänen osoittamaansa oikeaa tapaa elää. Vastaavat jakeet Luukkaan evankeliumissa (12:31-34) kertovat, että epäitsekäs anteliaisuus on ominaista tälle oikealle elämäntavalle.

Kun Matteuksen evankeliumin jakeissa 16:13-33 opetuslapset ymmärtävät kuka Jeesus on, hän selittää heille, että se merkitsee sitä, että hänen täytyisi kärsiä ja kuolla. Opetuslapset eivät sietäneet tätä ajatusta, joten Pietari veti Jeesuksen erilleen ja esitti hänelle vastalauseensa. Mutta Jeesus nuhteli häntä ja sanoi, että heidän hyvää tarkoittavat vastalauseensa olivat lähtöisin pahasta. Hän selitti heille, että jumalallinen vaatimus uhrata itsensä koski yhtä lailla heitä kuin häntä itseäänkin.

Jeesus sanoi (Matt. 16:24 ja Mark. 8:34): "Jos joku tahtoo kulkea minun jäljessäni, hän kieltäköön itsensä, ottakoon ristinsä ja seuratkoon minua." Luuk. 9:23 lisää tähän vielä,

Valtakunnan kutsu

että tämä täytyy tehdä "joka päivä". Jeesus puhui nämä sanat niille, jotka olivat jo lähteneet seuraamaan häntä, jotka olivat nähneet Jumalan toimivan voimallisesti kauttaan, ja jotka nyt olivat käsittäneet, että Jeesus oli matkalla kohti torjumista ja uhratuksi joutumista. Nyt kun he tiesivät totuuden, Jeesus antoi heidän vapaasti valita joko itsensä tai itsensä kieltämisen.

Opetuslapsena oleminen tarkoittaa "itselle kuolemista" joka päivä. Se ei tarkoita joukkoa askeettisia harjoitteita, vaan tietoisuutta Jeesuksesta, sekä hänen eikä oman tahdon mukaan elämistä. Se tarkoittaa sitä, että pidämme katseemme niin tiukasti hänessä ketä seuraamme, että emme edes huomaa kulkevamme meille liian jyrkkää polkua tai sen aiheuttamaa kipua, joka yrittää saada meidät pysähtymään. Se tarkoittaa sen tiedostamista, ettei mikään tässä elämässä vedä vertoja sille kirkkaudelle, joka odottaa meitä taivaassa – jos vain pysymme lähellä Jeesuksen taivutettua ja ruoskittua selkää.

Seuratessamme Kristusta meidän täytyy osoittaa, että olemme valmiita kuolemaan itsellemme ottamalla sen ristin, jota Jumala meille tarjoaa. Risti ei ole sellainen kipu tai hankaluus, jonka kuka tahansa saattaa elämässään kohdata, vaan jonkinlainen uhraus, vastoinkäyminen tai torjuminen "Kristuksen tähden", joka annetaan jokaiselle, joka seuraa häntä.

Jokaista opetuslasta, joka tahtoo kulkea Jeesuksen jalanjäljissä, odottaa hänen oma ristinsä. Ristiään kantavien kristittyjen tulisi ajatella, että heillä on samankaltainen eliniänodote kuin niillä ihmisillä, jotka istuvat erilaisissa kuolemaantuomittujen selleissä ympäri maailmaa.

Itselle kuoleminen ei ole kurjuutta, vaan sitoutumisen synnyttämää hedelmää. Se ei ole kaiken loppu, vaan pikemminkin alku yltäkylläiselle elämälle Kristuksen kanssa –alamme antaa Jeesuksen tahdon vaikuttaa ja hallita meissä. Jeesus kertoi kahdelletoista opetuslapselle nämä uudet vaatimukset, eikä yksikään heistä lähtenyt pois.

Jumalan hallintavalta

Kutsu Kristuksen kaltaisuuteen

Valtakunnan kutsu toteutuu tarkassa järjestyksessä. Ensin meidät on kutsuttu muuttamaan näkökantaamme Jumalasta, Jeesuksesta ja itsestämme – kutsuttu näkemään asiat Jumalan näkökulmasta ja omistamaan hänen asenteensa ja suuntansa. Sen jälkeen meidät on kutsuttu uskomaan Jeesukseen, turvautumaan häneen ja luottamaan täysin häneen.

Osoitamme luottavamme häneen seuraamalla häntä ja tulemalla hänen opetuslapsikseen. Pohdiskelemme hänen sanojaan, opimme häneltä itseltään ja teemme sitten niin kuin hän sanoo. Mutta tämän jälkeen seuraa vielä muutakin. Meitä ei ole vain kutsuttu seuraamaan Jeesusta, vaan myös – häntä seuraamalla – muuttumaan hänen kaltaisekseen.

Evankeliumeissa on kerrottu viisi tärkeintä asiaa, joissa kaikkien opetuslasten tulisi olla Kristuksen kaltaisia.

1. Rakastaminen

Johanneksen evankeliumin jakeessa 13:34 Jeesus kertoo opetuslapsilleen, että hänellä on heille uusi käsky: "Niin kuin minä olen rakastanut teitä, rakastakaa tekin toinen toistanne." Seuraavassa jakeessa selviää, että juuri rakkaus osoittaisi kaikille, että he ovat Jeesuksen opetuslapsia. Jeesus antoi tämän käskyn vain hieman sen jälkeen, kun hän oli pessyt opetuslasten jalat, joten käsky rakastaa toinen toista täytyi Jeesuksen antaman esimerkin mukaan merkitä toisten palvelemista käytännöllisellä ja nöyrällä tavalla.

Hieman myöhemmin, Johanneksen evankeliumin jakeessa 15:12 Jeesus palaa samaan aiheeseen. Taas kerran hän käskee opetuslapsiaan rakastamaan toinen toistaan niin kuin hän on rakastanut heitä. Monet uskovat ajattelevat, että heidät on kutsuttu rakastamaan Jeesusta, ja se pitää kyllä paikkansa, mutta rakastaminen Jeesuksen antaman esimerkin mukaan tarkoittaa toisten rakastamista hyvin käytännöllisellä tavalla. Jakeessa 11 kerrotaan, että se tekee ilostamme täydellistä.

Valtakunnan kutsu

2. Antaminen

Johanneksen evankeliumin jakeissa 15:13–14 Jeesus selittää tarkalleen, mitä hän tarkoittaa rakastamisella. Se on uhrautuvaa antamista, oman henkensä antamista ystäviensä puolesta. Jos rakastamme toinen toistamme niin uhrautuvasti kuin Jeesus rakastaa, meitä ei vain kutsuta hänen opetuslapsikseen, vaan meidät tunnetaan myös hänen "ystävinään". Jae 14 on hyvin tärkeä. Olemme Jeesuksen ystäviä, kun teemme minkä hän käskee meidän tehdä. Tämä juuri on Jumalan henkilökohtaista hallintavaltaa ja valtakunnan elämää.

Me emme yleensä tiedä etukäteen, mitä Jeesus haluaa meidän tekevän – ja vielä vähemmän tiedämme, mitä hän käskee muiden tehdä. Jumalalla on jokaiselle oma, ainutlaatuinen suunnitelma. Sen kuitenkin tiedämme, että se sisältää sitä rakastavaa ja uhrautuvaa antamista, mistä näissä jakeissa puhutaan.

Jakeessa 16 on ihmeellinen lupaus, jota ei kuitenkaan saa irrottaa muista sitä ympäröivistä jakeista. Tämä lupaus koskee niitä Jeesuksen ystäviä, jotka rakastavat ja antavat hänen esimerkkinsä mukaan – niitä seuraajia, joista on todella tullut Kristuksen kaltaisia.

3. Palveleminen

Markuksen evankeliumin jae 10:45 paljastaa jotain erittäin tärkeää Jeesuksesta. Jeesus oli aina sanonut olevansa "Ihmisen Poika". Juutalaisille tähän nimeen liittyi vahvoja valtakunnan mielikuvia. Se perustui Danielin kirjan jakeisiin 7:13–14, joissa Ihmisen Pojalle "annettiin valta, kunnia ja kuninkuus, kaikkien kansojen, kansakuntien ja kielten tuli palvella häntä. Hänen valtansa on ikuinen valta, joka ei katoa, eikä hänen kuninkuutensa häviä."

Kun Jeesus sanoi olevansa Ihmisen Poika, hän väitti epäsuorasti olevansa se, josta Daniel kirjoitti. Kuitenkin Markuksen evankeliumin jakeessa 10:45 Jeesus käänsi täysin päälaelleen Ihmisen Poikaa koskevan yleisen käsityksen siitä, että kaikki kansat palvelisivat häntä. Jeesus sanoi, ettei

Jumalan hallintavalta

"Ihmisen Poikakaan tullut palveltavaksi, vaan palvelemaan ja antamaan henkensä lunnaiksi kaikkien puolesta". Jeesus sanoi nämä sanat opetuslapsilleen yhteenvetona ja selityksenä opetuksestaan (10:42-44) siitä, että heidän tulisi palvella täysin maailman tavan vastaisesti. "Niin ei saa olla teidän keskuudessanne. Joka tahtoo teidän joukossanne tulla suureksi, se olkoon toisten palvelija, ja joka tahtoo tulla teidän joukossanne ensimmäiseksi, se olkoon kaikkien orja."

Meidän tulee palvella täysin samoin kuin Ihmisen Poika. Koska kuulumme kuninkaalle, meidät on kutsuttu palvelemaan Jeesusta – mutta tämä tarkoittaa sitä, että palvelemme muita niin kuin Jeesus sekä yhdessä Jeesuksen kanssa. Paavali puhuu tästä Filippiläiskirjeen jakeissa 2:5-11. Meidän on kuitenkin tärkeää huomata, että kun Paavali esittää kuvan Jeesuksesta palvelijana, hän aloittaa toteamalla: "Olkoon teilläkin sellainen mieli, joka Kristuksella Jeesuksella oli." Taas kerran huomaamme, että meillä täytyy ensin olla Jumalan asenteet – hänen ajattelutapansa – ennen kuin voimme käyttäytyä niin kuin Jeesus.

4. Tekeminen
Jeesuksen sanat Johanneksen evankeliumin jakeessa 14:12 liittyvät kaikkeen tähän: "Joka uskoo minuun, on tekevä sellaisia tekoja kuin minä teen, ja vielä suurempiakin. Minä menen Isän luo." Uskolla on seurauksia. Jos ajattelemme niin kuin Jeesus, jos luotamme ja turvaamme häneen, jos seuraamme häntä, niin löydämme itsemme varmasti myös tekemästä samoja tekoja, joita hänkin tekee.

Tämä jae ja Jeesuksen teot saavat monien ajatukset kääntymään ihmeisiin. Se on kuitenkin samassa jalkojen pesun ja elämän antamisen -kontekstissa, jossa myös Jeesuksen käskyt antamisesta, rakastamisesta ja palvelemisesta löytyvät. Jos uskomme Kristukseen, voimme olettaa myös käyttäytyvämme niin kuin hän. Tähän kuuluu mahtavia ihmeitä, mutta ennen kaikkea nöyrää palvelemista.

Valtakunnan kutsu

5. Meneminen

Jeesuksen ensimmäiset sanat opetuslapsilleen ylösnousemuksensa jälkeen on merkitty Johanneksen evankeliumin jakeisiin 20:19-22. Jakeessa 21 hän vielä viimeisen kerran kutsuu opetuslapsia olemaan kaltaisiaan: "Niin kuin Isä on lähettänyt minut, niin lähetän minä teidät."

Johanneksen evankeliumissa Jeesus sanoo toistuvasti olevansa se, joka on lähetetty. Hän on niin täysin Jumalan hallintavallan alla, ettei sano mitään, tee mitään tai mene mihinkään omasta aloitteestaan. Löydämme tämän ajatuksen kohdista 5:19,30, 6:38, 7:28-29, 8:26,28-29, 10:18 ja 12:49-50. Poika puhuu, mitä Isä sanoo. Hän tekee, mitä Isä tekee. Ja hän menee sinne, minne Isä hänet lähettää.

Jeesus lähettää opetuslapsensa täysin samalla tavalla. Heidän tulee mennä niin kuin hän on mennyt. Tähän sisältyy kaksi merkitystä. Ensiksi, että opetuslapset eivät voi jäädä paikoilleen – täytyy olla liikettä ja toimintaa, jonkinlaista menemistä. Ja toiseksi, että opetuslasten tulee mennä Jumalan hallintavallan alla. Meidän tulee mennä vain sinne, minne hän lähettää meidät ja silloin kun hän lähettää, sanoa vain mitä hän sanoo ja tehdä mitä hän tekee.

Kutsu olla valtakunnan perillisiä

Meidät tullaan palkitsemaan, kun rakastamme, annamme, palvelemme, teemme ja menemme Kristuksen kaltaisina. Jeesus tekee selväksi, että meitä odottaa runsas perintö ja monenlaisia palkkioita.

Totesimme edellä, että valtakunta on samalla "nyt" ja "ei vielä". Kaikki tässä esitellyt valtakunnan kutsut ovat olleet osa valtakunnan "nyt"-todellisuutta. Kutsu tehdä parannusta ja uskoa, seurata ja tulla Kristuksen kaltaiseksi kuuluvat aina siihen hetkeen, jota nyt elämme – tänään, joka päivä. Se on aina sanoma nykyhetkeen.

Valtakunnan viimeinen kutsu suuntautuu kuitenkin siihen päivään, jona valtakunta viimein paljastetaan ja perustetaan täydellisessä ja ikuisessa muodossaan. Uusi testamentti on

Jumalan hallintavalta

täynnä lupauksia tästä tulevasta valtakunnasta. Jotkut niistä ovat ehdollisia, eli niissä luvataan palkka tietystä jumalallisesta käyttäytymisestä, toiset taas kuuluvat kaikille, jotka uskovat. Muutamat toteutuvat nykyhetkessä, mutta pääosin ne kuuluvat valtakunnan "ei vielä"-todellisuuteen:

- Matt. 5:5 – maa
- Matt. 5:10 – taivasten valtakunta
- Matt. 6:19–21 – aarre taivaassa
- Matt. 10:40–42 – vanhurskaalle kuuluva palkka
- Matt. 19:27–30 – satakertainen
- Matt. 25:31–40 – valmiina oleva valtakunta
- Luuk. 6:30–38 – suuri palkka
- Luuk. 12:32 – valtakunta, taivaallinen aarre
- Luuk. 14:12–14 – takaisinmaksu siunauksina
- Luuk. 16:9 – iäiset asunnot
- Ap.t. 20:32, 26:18 – perintöosa
- Room. 2:6–10 – kirkkaus, kunnia ja rauha
- Room. 8:18 – osallisuus Kristuksen kirkkauteen
- 2. Kor. 9:6–14 – runsas sato
- Ef. 1:17–19 – äärettömän rikas perintöosa
- Ef. 2:4–8 – äärettömän runsas armo
- Kol. 3:23–24 – palkka, osuus perinnöstä
- 2. Tim. 2:12 – hallitseminen Jeesuksen kanssa
- Hepr. 6:12 – lupaukset
- Ilm. 3:21 – istua Kristuksen kanssa hänen valtaistuimellaan
- Ilm. 21:7 – voittajan palkinto

Valtakunnan kutsu

Jotkut ihmiset ajattelevat virheellisesti, että kaikki se, mitä Raamattu opettaa tulevasta perintöosasta, kuuluisi automaattisesti kaikille niille, jotka ovat ottaneet pelastuksen vastaan. Kuitenkin kun luemme nämä edelliset jakeet huolellisesti läpi huomaamme, että perintöä ei saada vain uskomalla – se on myös palkkio Jumalan hallintavallan alla elämisestä.

Esimerkiksi Matteuksen evankeliumin jakeet 19:23–20:16 todistavat, että perintöosa on palkkio. Kun Pietari kysyy jakeessa 27 "mitä me [...] saamme?", Jeesus puhuu hänelle vastauksessaan tulevasta perinnöstä. Jae 30 osoittaa, että odotettavissa on monia yllätyksiä. Myös sitä seuraavien jakeiden vertaus opettaa, että palkkioihin liittyy sekä positiivisia että negatiivisia yllätyksiä.

Vaikka yksi valtakunnan kutsu on "jättää kaikki ja seurata Jeesusta", sitä seuraa pian kaikuna lupaus ihanista taivaallisista palkkioista, jotka kuuluvat niille opetuslapsille, jotka ovat jättäneet kaiken. Emme välttämättä saa kokea monia näistä palkkioista tässä elämässä, mutta Jumala on oman nimensä kautta luvannut ne meille viimeisenä päivänä.

Osa 3

Valtakunnan asenteet

Vuorisaarna Matteuksen evankeliumin luvuissa 5-7 on luultavasti tunnetuin Jeesuksen opetuksista. Se on kuitenkin myös niistä kaikista ehkäpä huonoiten ymmärretty. Vuorisaarna on ensimmäinen Matteuksen esittelemästä viidestä opetuskokonaisuudesta, joista muut löytyvät luvuista 10, 13, 18 ja 24-25. Totesimme edellä, että Matteus kirjoitti evankeliuminsa erityisesti juutalaisille. Käyttämällä viittä opetuskokonaisuutta hän tekee rinnastuksen viiteen Mooseksen kirjaan ja antaa ymmärtää, että Jeesus on toinen Mooses.

Jumalan laki tuli Israelin kansalle Mooseksen kautta, mutta Matteus ilmaisee, että Jeesus täytti lain ja toi sen myötä uuden ja paremman tavan, jolla Jumalan kansan tulisi elää. Tämä oli taivasten valtakunta eli Jumalan henkilökohtainen hallintavalta.

Läpi koko vuorisaarnan Jeesus avaa valtakuntansa perusperiaatteita ja selventää, mitä hän seuraajiltaan odottaa. Painottaakseen sanojensa tärkeyttä, hän lisää joidenkin lauseiden alkuun heprean sanan *amen*, joka tarkoittaa "varmasti" tai "totisesti". Lisäksi hän tehostaa henkilökohtaista arvovaltaansa toistamalla lausetta "minä sanon teille". Meidän on oleellista ymmärtää, että vuorisaarna ei ole:

◆ sääntöjä ei-kristitylle yhteiskunnalle

◆ keino päästä sisään Jumalan valtakuntaan

◆ uusi kristillinen laki.

Sen sijaan näemme jakeissa 5:1-2, että se on saarna, jonka Jeesus opetti niille, jotka jo olivat hänen opetuslapsiaan, jotka olivat jo kuulleet valtakunnan kutsun, jättäneet kaiken

Jumalan hallintavalta

ja lähteneet seuraamaan häntä. Vuorisaarna on kuvaus toisenlaisesta ja radikaalista elämäntavasta, joka on tarkoitettu niille opetuslapsille, jotka ovat totelleet Jeesuksen käskyä seurata, ja jotka ovat alkaneet elää Jumalan henkilökohtaisen hallintavallan alla. Tämän kirjan edetessä näemme toistuvasti, että tämänkaltainen elämäntapa:

◆ tuo kunniaa Jumalalle

◆ haastaa maailmaa

◆ palkitaan.

Jumalan henkilökohtainen hallintavalta on keskeinen teema läpi koko vuorisaarnan. Esimerkiksi jakeissa 6:9–13 oleva Herran rukous sisältää erikoisen lauseen "tulkoon sinun valtakuntasi", joka on heti perään selitetty näin: "Tapahtukoon sinun tahtosi, myös maan päällä niin kuin taivaassa". Vuorisaarnan lopussa Jeesus selittää, että vain ne opetuslapset, jotka tekevät Isän tahdon, pääsevät taivasten valtakuntaan (7:21).

Vuorisaarna määrittelee ne asenteet – ei teot –, jotka ovat todellisille opetuslapsille ominaisia. Saarnan johdantoa jakeissa 5:3–12 kutsutaan usein "autuaaksijulistukseksi", ja se sisältää kahdeksan perusasennetta, joita Jeesus sitten selittää ja havainnollistaa saarnan edetessä. (Kaikki eivät ole samaa mieltä autuaaksijulistusten määrästä. Joidenkin mielestä niitä on seitsemän, toisten mielestä yhdeksän tai kymmenen, mutta jos jakeet 10–12 nähdään yhtenä autuaaksijulistuksena, on niitä yhteensä kahdeksan.)

Jokainen autuaaksijulistus alkaa kreikan sanalla *makarios*, joka on yleensä käännetty sanoilla "autuas", "siunattu" tai "onnellinen". *Makarios*-sanan merkitys ei kuitenkaan liity millään lailla siunauksiin. Sen sijaan se tulee kreikan sanasta *mak*, joka tarkoittaa "suuri" tai "pitkä", ja siihen sisältyy ajatus ihmisestä, jolla on leveä hymy kasvoillaan. Maria käyttää samaa sanaa jakeessa Luuk. 1:48, ja parhaiten sitä voisi selittää käännös "hyvin onnekas" tai jopa "hän, jota tulisi onnitella".

Autuaaksijulistukset kuvastavat yleisellä tasolla niiden opetuslasten luonnetta, jotka elävät "valtakunnassa". Kun

Valtakunnan asenteet

luemme niitä, huomaamme, millaisia meidän tulee Jumalan henkilökohtaisen hallintavallan seurauksena olla. Jos elämme täysin Jumalan henkilökohtaisen hallintavallan alla, voimme odottaa näiden asenteiden kuvaavan meitä.

Hengessään köyhät

Saarnan esittelemillä asenteilla on tarkka ja tärkeä järjestys. "Autuaita ovat hengessään köyhät, sillä heidän on taivasten valtakunta" on niistä ensimmäinen. Muut seitsemän asennetta sekä loput vuorisaarnasta ovat seurausta tästä ensimmäisestä ja perustavanlaatuisesta asenteesta.

Kukaan ei voi kuulua Jumalan valtakuntaan, ellei hän ole hengessään köyhä, sillä se on jokaisen todellisen kristityn perusominaisuus. Kaikki muut ominaisuudet ovat jossain määrin vain seurausta siitä, että ihminen on hengessään köyhä.

Kun Jeesus vielä oli vauva, Simeon kertoi Marialle ja Joosefille, että lapsi on pantu "lankeemukseksi ja nousemukseksi monelle Israelissa" (Luuk. 2:34, v. 1938 käännös). Tämän jälkeen tärkeä kristillinen periaate onkin ollut, että ristiinnaulitseminen tulee ennen ylösnousemusta, lankeemus ennen nousemusta ja Jeesuksen kanssa kulkevilla paras on aina vasta edessä päin.

Köyhyys hengessä on lähtökohta Jumalan valtakuntaan pääsylle, mutta niin kuin nousemus seuraa lankeemusta, niin myös valtakunnan hyvyydet – ilo, hedelmä, perintö ja palkkiot – tulevat niille, ja vain niille, jotka ovat aidosti hengessään köyhiä.

Mitä on köyhyys hengessä?
Kun luemme vuorisaarnaa, vastaamme tulee kuuluisia lauseita, kuten:

◆ "Käännä hänelle toinenkin (poski)" – 5:39

◆ "Älkää siis huolehtiko huomispäivästä" – 6:34

◆ "Rakastakaa vihamiehiänne" – 5:44

◆ "Anna sille, joka sinulta pyytää" –5:42.

Jumalan hallintavalta

Nämä eivät ole uusia sääntöjä, joiden rikkominen merkitsisi sitä, ettei ihminen pääsekään Jumalan valtakuntaan. Ne eivät myöskään ole laki, jonka rikkominen toisi sakkoja tai rangaistuksen. Sen sijaan ne ovat kuin häikäisevän kaunis vuori, jolle haluamme kiivetä ja jolle meidän on käsketty kiivetä, mutta jonka tiedämme olevan aivan liian korkea meille.

Vuorisaarna esittelee asioita, joita meidän on aivan mahdotonta toteuttaa. Kukaan, joka on vuorisaarnan luettuaan yrittänyt omassa voimassaan elää sen esittelemien periaatteiden mukaan, ei ole ymmärtänyt sitä oikein. Niin kuin äärettömän suuren vuorenkin edessä, myös tämän saarnan edessä on vain yksi järkevä toimintatapa – kaihoisa katse ja kivulias huokaus: "Haluan todellakin onnistua, mutta tiedän, etten pysty siihen itse. Voisiko joku tulla auttamaan minua?"

Jokainen, joka huokaa nämä tai näiden kaltaiset sanat syvän vilpittömästi on hengessään köyhä – ja taivasten valtakunta kuuluu hänelle. Olla hengessä köyhä tarkoittaa sitä, että ihminen tiedostaa olevansa täydellisesti vararikossa ja konkurssissa.

Seuraavat kohdat auttavat meitä ymmärtämään vielä paremmin, mitä tarkoittaa olla hengessä köyhä:

- ◆ Ef. 2:1–10 – tiedostamme, että olemme kuolleita rikkomustemme ja syntiemme tähden
- ◆ Matt. 23:25–28 – tiedostamme, että olemme omahyväisiä ja tekopyhiä
- ◆ Jes. 6:5 – tiedostamme, että meillä on "saastaiset huulet"
- ◆ Luuk. 5:8 – tiedostamme, että olemme syntisiä.

Se ei ole materiaalista köyhyyttä
On vaikea selittää, mitä köyhyys hengessä tarkoittaa, vaikka se näkyykin ihmisessä selvällä tavalla. On kuitenkin tärkeä ymmärtää, ettei se ole sama asia kuin olla köyhä. Jeesus ei sano, että ne, jotka eivät omista paljon, olisivat onnellisia, vaikkakin köyhien on usein helpompi olla myös hengessään

Valtakunnan asenteet

köyhiä kuin rikkaiden. Ehkäpä juuri tästä syystä seurakunnat kasvavat nopeammin köyhissä kuin vauraissa maissa.

Kuten edellä todettiin, Jeesus pyytää seuraajiaan jättämään kaiken ja seuraamaan itseään, ja köyhillä on vähemmän jätettäviä asioita kuin rikkailla. Tämä saattaa myös selittää Jeesuksen kertoman periaatteen Luukkaan evankeliumin jakeessa 18:25.

Se ei ole suosittua
Köyhyys hengessä ei ole suosittu käsite maailmassa. Lehdet ja tv-ohjelmat eivät anna neuvoja, kuinka tulla hengessä köyhäksi, vaan pikemminkin ohjaavat ihmistä luottamaan itseensä sekä toteuttamaan ja ilmaisemaan itseään. Maailman versio tästä autuaaksijulistuksesta voisi olla: "Autuaita ovat itsevarmat, sillä heidän on vaurausja suosio."

Maailma kannustaa ihmisiä "uskomaan itseensä". Köyhyys hengessä on tämän täysi vastakohta. Se on olotila:

◆ johon ei kuulu lainkaan ylpeyttä

◆ jossa ihmisellä ei ole itsekkäitä pyrkimyksiä

◆ jossa ihminen ei ole lainkaan itseriittoinen

◆ johon ei kuulu vääränlaista itsevarmuutta.

Ihminen on hengessään köyhä vain silloin, kun hän ollessaan kasvotusten Jumalan todellisuuden kanssa ymmärtää jatkuvasti ja täysin, ettei ole itsessään yhtään mitään.

Jeesus oli hengessään köyhä
Tämä väite pitää paikkansa siinä merkityksessä, että Jeesus ei turvautunut omiin kykyihinsä. Tiedämme, että Jeesus ruokki tuhansia, tyynnytti myrskyjä, paransi sairaita, herätti kuolleita, ajoi ulos pahoja henkiä ja opetti suurella arvovallalla. Hän kuitenkin myös sanoi, ettei voisi tehdä mitään itse. Joko tämä oli valhe tai sitten koko universumin vallankumouksellisin totuus.

Jumalan hallintavalta

Vaikutti siltä, että Jeesus pystyi tekemään kaiken. Mutta hän tunsi iankaikkisen ja absoluuttisen totuuden, että itsessään, omassa inhimillisyydessään, hän ei voisi tehdä mitään. Hän tiesi, että voidakseen mennä mihinkään, tehdä mitään, auttaa ketään tai saavuttaa mitään, hänen täytyi turvautua kaikkivoipaan, rakastavaan Jumalaan.

Apostolit olivat hengessään köyhiä
Sama koski alkuseurakunnan johtajia. He eivät olleet heikkoja ihmisiä, jotka olisivat luonnostaan olleet arkoja tai pelokkaita. He eivät yrittäneet tehdä itsestään hengessä köyhiä esittämällä olevansa nöyriä tai kehuskelemalla heikkouksistaan.

Sen sijaan he olivat niin lähellä Jumalaa, että ymmärsivät, että heidän luonnolliset kykynsä, viralliset pätevyytensä, maallinen asemansa tai hyvä käytöksensä olivat vain roskaa ja tappiota sen rinnalla, että he saivat elää luottaen Jumalan henkilökohtaiseen hallintavaltaan.

Meidän täytyy olla hengessämme köyhiä
Näin tulisi olla nykyäänkin. Hengessään köyhät ovat opetuslapsia, jotka eivät luota taustaansa, koulutukseensa, varakkuuteensa tai asemaansa. He tietävät, että Jumalan rinnalla kaikki nämä ovat toisarvoisia asioita.

Opetuslapset eivät ole hengessään köyhiä olemalla heikkoja tai alistettuja. Sen sijaan meistä tulee hengessämme köyhiä, kun vietämme aikaa katsomalla Jumalaan ja seuraamalla Jeesusta – näin tekemällä opimme ymmärtämään mitä olemme heihin verrattuina.

Hengessään köyhiä kutsutaan autuaiksi siitä syystä, että heidän on taivasten valtakunta. Kohdat 2. Kor. 6:10 ja 8:9 osoittavat, että kaikki valtakunnan siunaukset tulevat niiden osaksi, joilla on tämä perustavanlaatuinen asenne.

Murheelliset
Kuten ensimmäinen asenne, myös tämä toinen osoittaa, että valtakunnan keskeinen olemus on täysin erilainen kuin

Valtakunnan asenteet

nykymaailman normaali asennoitumistapa. Se on järjellä ajateltuna jopa täysin absurdi.

Yhteiskunta vieroksuu suremista ja pyrkii järjestämään ihmisten elämät niin, ettei olisi murheellisia. Ihmiset kannustavat toisiaan unohtamaan murheensa ja jättämään ne taakseen. Rennot ajanvietteet, viihdeteollisuus ja helpot naurut ovat muotia. Jeesus kuitenkin puhuu kaikkea tätä vastaan sanoessaan, että "autuaita murheelliset: he saavat lohdutuksen".

Jopa seurakunnat ovat antaneet yhteiskunnan asennoitumistavan vaikuttaa itseensä. Jos Jeesus vierailisi joissakin tämän päivän seurakunnissa ja kehottaisi ihmisiä suremaan, johtajat luultavasti oikaisisivat häntä ja käskisivät hänen iloita ja olla tyytyväinen, hymyillä ja olla onnellinen, riemuita ja ylistää Jumalaa. Jeesus kuitenkin sanoi, että suremista arvostava asenne olisi ominaista hänen hallintavaltansa alla eläville opetuslapsille.

Mitä on sureminen?
Ensimmäinenkin asenne oli pohjimmiltaan jotain hengellistä, ei taloudellista, samoin tämä toinenkin asenne on pikemminkin hengellistä kuin luonnollista suremista.

Kaikki kahdeksan asennetta viittaavat hengelliseen tilaan ja hengelliseen asennoitumistapaan. Se tarkoittaa sitä, että tässä kohdassa ylistetään niitä, jotka surevat hengessään. He ovat niitä autuaita opetuslapsia, jotka palkitaan Jumalan henkilökohtaisella lohdutuksella.

Jokainen suree luonnollisesti elämän murheellisissa hetkissä, mutta vain harvat surevat hengessään. Ja vielä harvemmat Jeesuksen opetuslapset tunnetaan niin syvästä murheesta, jota Jeesus tunsi Jerusalemin, aikansa uskonnollisten johtajien ja lähimpien ystäviensä riitelyn vuoksi.

Hengessään murheelliset ovat niitä, jotka surevat Jumalan kanssa niitä asioita, jotka saavat hänet itkemään. Paavali kutsuu tätä "Jumalan mielen mukaiseksi murheeksi" (2. Kor. 7:10). He surevat itsensä vuoksi, syntisyytensä vuoksi sekä sen vuoksi, etteivät tee sitä hyvää mitä haluaisivat tehdä, vaan

Jumalan hallintavalta

sitä pahaa, mitä eivät haluaisi. He ymmärtävät olevansa kuin rikkinäinen kananmuna tai pizza, jonka parasta ennen -päiväys on juuri mennyt: vielä käyttökelpoisia, mutta eivät niin hyviä kuin heidän tulisi olla. Raamatunkohdat Jaak. 4:7-10 ja Jes. 6:5 valottavat tätä lisää.

Mitä meidän tulisi surra?

- Meidän tulisi surra sitä, ettemme halua rakastaa vihamiehiämme, antaa sille joka pyytää, kääntää toista poskeamme ja niin edelleen. Meidän tulisi surra sitä, ettemme häpeä kerätä vaatteita, autoja ja elektroniikkaa, vaikka seuraamme häntä, joka käski myydä kaiken antaa köyhille. Meidän tulisi surra, koska ymmärrämme, että olemme kuin epäaito Rolex tai taiwanilaiset tennistossut: käyttökelpoisia, mutta emme niin hyviä kuin alkuperäinen malli.

- Meidän tulisi olla murheellisia Jumalan saastuneen planeetan vuoksi ja ihmisten ahneuden vuoksi, joka tuhoaa metsiä, myrkyttää ilmakehää, myy aseita, täyttää jokia torjunta-aineilla ja tukahduttaa ihmisiä pakokaasuilla.

- Meidän tulisi surra ihmisiä kohtaavan epäoikeudenmukaisuuden vuoksi: velkojen ja epäreilun kaupankäynnin, kodittomuuden ja pakolaisuuden vuoksi sekä sen vuoksi, kuinka syntymättömiä lapsia, vankeja, mieleltään sairaita ja vanhuksia kohdellaan.

- Meidän tulisi surra sosiaalisen levottomuuden ja hajaannuksen vuoksi, materialismin vuoksi, joka on kaiken pahan juuri ja sen vuoksi, että naapurimme suhtautuu niin välinpitämättömästi Jumalaan ja me niin välinpitämättömästi hänen iankaikkiseen kohtaloonsa.

Tämänkaltainen murhe, jota näemme myös Psalmissa 119:136, ei ole sairasta, väärää tai tekopyhää. Se on vapauttavaa ja tulevaisuuteen suuntaavaa, ja se kannustaa

Valtakunnan asenteet

meitä toimimaan Jumalan asialla täynnä Pyhää Henkeä. Se on rehellisin ja paikkansapitävin kuvaus siitä, millaisia olemme ja millaisessa maailmassa elämme. Se on todellista kristillistä ajattelua, aitoa *metanoiaa*.

Jumala palkitsee murheelliset
Jeesus lupaa, että ne opetuslapset, jotka ovat murheellisia nyt, saavat jonain päivänä lohdutuksen – ja sen vuoksi he ovat autuaita. Jos suremme Jumalan kanssa tänään, lohduttaja lohduttaa meitä huomenna.

Jumala ei lohduta kaikkia opetuslapsia taivaassa. Jotkut lohduttavat itse itseään maan päällä keinotekoisella ilolla ja "taputa ja hyppele" -riemulla. Toiset antavat mielistelyn tai todellisuuden pakenemisen lohduttaa itseään. Jotkut eivät saa lohdutusta, koska ovat liian kiireisiä surrakseen, tai heitä on opetettu olemaan surematta.

Mutta kuinka autuaita ovatkaan ne, jotka ovat hengellisesti murheellisia, koska he saavat lohdutuksen itse Jumalalta. Kuten kohdissa Jes. 12:1–6, Ps. 30:5 ja 32:1–2 ja Room. 4:7–8 kerrotaan, Jumalan mielen mukainen murhe johtaa jumalalliseen iloon ja riemuun.

Nöyryys
Maailmassa riehuu joka päivä taisteluja, kun kansat ja ihmisryhmät pyrkivät saamaan vallan tietyllä maapallon alueella. Useimmat uskovat, että lopulta vahvin voittaa, mutta Jeesus sanookin jotain ihan muuta.

Kolmas valtakunnan asenne kuuluu: "Autuaita kärsivälliset: he perivät maan." Englanninkielisessä käännöksessä sanan "kärsivälliset" tilalla on käytetty sanaa "nöyrät" (*meek*). Se kuvaa paremmin kirjoittajan tarkoittamaa asennetta, joten tässä luvussa käytetään sitä. Muut suomenkieliset käännökset käyttävät mm. sanoja "hiljaiset" ja "sävyisät" (suom. huom.). Maailman hallinta, universaali valta ja planeetan omistus annetaankin nöyrille, eikä suinkaan vahvoille ja mahtaville tai rikkaille ja hyvin järjestäytyneille.

Jumalan hallintavalta

Tämä tuntuu absurdilta, sillä se on inhimillisen kokemuksen ja maallisen ajattelutavan vastakohta. Taas kerran Jeesus osoittaa, kuinka paljon tarvitsemme mielen uudistusta elääksemme Jumalan valtakunnassa. Hänen ajattelutapansa on perustavanlaatuisesti vastakkainen modernin yhteiskunnan ajattelutavan kanssa.

Monet seurakunnat ovat samaa mieltä yhteiskunnan kanssa. Ne haluaisivat olla suuria ja mahtavia, jotta voisivat hallita omalla alueellaan. Ne haluavat tulla kuulluiksi mediassa. Ne alkavat määrätietoisesti rukoilla lisää valtaa. Ja se, jolta he sitä rukoilevat, vastaa heille: "Autuaita nöyrät: he – vain he ainoastaan – perivät maan."

Asenteiden järjestys
Jeesus esittelee vuorisaarnan kahdeksan asennetta loogisessa järjestyksessä. Hengessään köyhät tulevat murheellisiksi, kun ymmärtävät epäonnistumistensa laajuuden – ja tämä ymmärrys johtaa luonnollisella tavalla nöyryyteen.

Ensimmäinen asenne vaatii meitä myöntämään heikkoutemme ja kyvyttömyytemme. Toinen asenne ei vain saa meitä näkemään, että olemme hengessämme köyhiä, vaan myös suremaan sitä. Kolmas asenne – nöyryys – tuo meidät vielä lähemmäs Jumalaa ja kohti sitä pistettä, jossa emme ole pelkästään huolissamme itsestämme, vaan alamme myös huolehtia muista.

Monille meistä on helppoa arvostella itseämme, mutta emme pidä siitä, jos muut huomauttavat epäonnistumisistamme. Kahden ensimmäisen asenteen avulla Jeesuksen opetuslapset kykenevät itse tutkimaan itseään rehellisesti. Nöyrät opetuslapset ovat valmiita ottamaan seuraavan askeleen ja antavat muidenkin tutkia itseään.

Mitä on nöyryys?
Näemme Filippiläiskirjeen jakeissa 2:5–11, että Jeesuksella oli oikeus olla Jumalan vertainen, mutta hän valitsi ottaa orjan muodon sen sijaan. Tämä on sellaista nöyryyttä, jota hänen

Valtakunnan asenteet

opetuslapsillaankin tulisi olla – sekä Jumalan että toistensa edessä.

◆ Nöyryys Jumalan edessä tarkoittaa sitä, että ihminen on tyytyväinen sekä kiitollinen, omistautunut ja alistunut Jumalalle.

◆ Nöyryys ihmisten edessä on sitä, että ihminen on lempeä sekä valmis oppimaan ja antamaan anteeksi. Näemme tämän kohdissa Jes. 50:4–5, Matt. 11:28–30, Room. 12:17–21, 1. Kor. 13:5, Gal. 6:1, Fil. 4:5 ja 1. Piet. 2:23.

Nöyrät ihmiset ovat kärsivällisiä. He eivät välitä siitä, että heidät sivuutetaan tai heitä kritisoidaan. He laittavat muut ihmiset etusijalle. He antavat periksi muille, eivät vaadi itselleen ja antavat muiden pitää päänsä.

Nöyrät ihmiset eivät kuitenkaan ole heikkoja. He ovat vahvoja ihmisiä, jotka ovat päättäneet käyttäytyä lempeästi. He eivät ole hölmöjä tai helposti huijattavissa, vaan viisaita ja vaatimattomia. He eivät ole liian arkoja sanoakseen mielipiteensä, mutta sanovat sen tahdikkaasti ja hienovaraisesti. He eivät ole kuin tavalliset ihmiset, jotka vaativat, että asiat tehdään heidän tavallaan, vaan Jeesuksen omia, jotka tekevät asiat aina Jumalan tavalla – jakeiden Matt. 16:24, Luuk. 10:3, Joh. 13:5 ja Ap.t. 8:32 tavalla.

Nöyrät ihmiset eivät välitä itsestään tai siitä, mitä ihmiset heistä sanovat, koska he tietävät, että heissä ei mitään hyvää olekaan. He eivät tuhlaa aikaa itsesääliin, sillä he ovat ymmärtäneet, ettei heillä ole siihen oikeutta. Koska he ovat hengessään köyhiä, he tietävät, ettei kukaan voi sanoa tai tehdä heille mitään, mikä olisi liian pahaa – he tietävät ansaitsevansa sen ja enemmänkin.

Aidosti nöyrä opetuslapsi on aina ihmeissään siitä, että Jumala ja muut ihmiset ajattelevatkin hänestä niin hyvää. Juuri tällainen nöyryys saa meidät näkemään ja hyväksymään sen, mitä olemme Kristuksessa.

Jumalan hallintavalta

Nöyrien palkka
Jeesus lupaa, että nöyrät perivät maan. Valtakunnan "nyt"-todellisuudessa tämä on jo osittain totta. Nöyrät ihmiset ovat tyytyväisiä ja he kykenevät nauttimaan myös asioista, joita eivät omista. He ovat jossain määrin jo perineet maan, sillä he ovat ainoita, jotka pystyvät nauttimaan siitä ilman, että haluaisivat omistaa sen tai kontrolloida sitä.

Tämä on kuitenkin myös selkeä valtakunnan "ei vielä"-todellisuuden lupaus – kuten myös jakeiden Luuk. 14:11, Room. 8:17, 1. Kor. 2:9, 2. Kor. 6:10 ja Ilm. 21:7 lupaukset. Langenneet nousevat. Viimeiset tulevat ensimmäisiksi. Ristiinnaulitut nousevat kuolleista. Nöyrät perivät maan. Tämä on joko hirvittävä huijaus tai ihmeellinen totuus.

Vanhurskauden nälkä
Neljä ensimmäistä asennetta painottavat todellisten opetuslasten kokemaa hengellistä vararikkoa ja täydellistä kyvyttömyyden tunnetta. Jumalan hallintavallan alla elävät ihmiset ovat hengessään köyhiä, murheellisia sekä nöyriä Jumalan ja ihmisten edessä. Neljäs asenne osoittaa, että he ovat tyhjiä, mutta haluavat tulla ravituiksi ja täytetyiksi. "Autuaita ne, joilla on vanhurskauden nälkä ja jano: heidät ravitaan."

Onnellisuutta etsimässä
Maailma odottaa kaikkien olevan *makarios*. Se haluaa nähdä leveitä hymyjä ja hyvää onnea. Se on täynnä ihmisiä, jotka etsivät onnellisuutta. He etsivät sitä kuitenkin sekä vääristä paikoista että väärillä tavoilla.

Jeremian kirjan jae 2:13 kertoo, että ihmiset ovat tehneet syntiä kaksin verroin. He ovat sekä unohtaneet Jumalan, elävän ja virtaavan veden lähteen, että tehneet itselleen vesisäiliöitä, jotka ovat särkyviä eivätkä pidä vettä.

Jumala on elämän, rakkauden, ilon ja tyytyväisyyden lähde. Me olemme hänen tekoaan, ja hän on tehnyt meidät itseään varten. Voimme kokea aitoa onnellisuutta vain hänessä ja

Valtakunnan asenteet

hänen kauttaan – olemalla riippuvaisia hänestä, elävän veden lähteestä. Olemme kuitenkin torjuneet hänet ja pyrkineet kehittämään korvaavia onnellisuuden lähteitä. Maailma uskoo saavuttavansa onnellisuuden tekemällä siitä ensisijaisen tavoitteensa. Jeesus taas sanoo, että onnellisuus on sen sivutuote, kun ihminen ensin etsii Jumalan vanhurskautta.

Nälkäinen ja janoinen
Neljäs autuaaksijulistus puhuu siitä, että opetuslapset ovat nälkäisiä ja janoisia. Vain harva länsimainen kristitty on koskaan joutunut kokemaan todellista nälkää ja janoa. Meiltä saattaa jäädä ateria väliin, minkä vuoksi koemme lievää heikotusta. Saatamme kaivata juomista kuumana päivänä ja joutua siksi kulkemaan lyhyen matkan vesihanan tai kahvilan luo. Mukavat ja helpot elämämme ovat nakertaneet sanojen "nälkä" ja "jano" todellista merkitystä.

Jeesus käyttää tässä sanoja, jotka kuvastavat täydellistä toivottomuuden tilaa. Hänen opetuslastensa tulee kokea sellaista nälkää ja janoa, etteivät he pysty keskittymään mihinkään muuhun. Kaikki muu muuttuu toisarvoiseksi. He tietävät olevansa tyhjiä ja tarvitsevansa epätoivoisesti ravitsemista. Aito nälkä ja jano tarkoittaa sitä, että ihminen tekee niiden kohteesta tärkeimmän prioriteettinsa ja elämäntarkoituksensa eikä pysähdy ennen kuin se on saavutettu.

Mitä on vanhurskaus?
Todellisilla Jeesuksen asenteet jakavilla opetuslapsilla on vanhurskauden nälkä – tavalla, joka kuvataan psalmissa 27:4. Tässä autuaaksijulistuksessa käytetty kreikan sana on *dikaiosune*, ja se kuvaa "oikeaa asemaamme Jumalan edessä". Tämä sana esiintyy usein Matteuksen evankeliumissa ja jae 6:33 osoittaa, että se on valtakunnan keskeinen piirre.

Matteuksen evankeliumissa "vanhurskaus" rinnastetaan "hyviin tekoihin". Esimerkiksi jakeessa 5:16 "hyviä tekoja" käytetään synonyymina sanoille "vanhurskaus" tai "vanhurskas

63

Jumalan hallintavalta

toimintatapa", joita Jeesus autuaaksijulistuksissa niin vahvasti painottaa. Tämä tarkoittaa, että vanhurskaus viittaa Matteuksen evankeliumissa tiettyyn eettiseen käytökseen, jota Jumala opetuslapsiltaan vaatii. Sitä ei tule sekoittaa Paavalin ymmärrykseen vanhurskaudesta lahjana, joka saadaan armosta, ja jonka kautta meillä on oikea asema suhteessa Jumalaan. Meidän tulee ymmärtää ja kokea molemmat konseptit. Olemme uskon tähden vanhurskaita Jumalan ilmaisena lahjana ja meidät on kutsuttu olemaan vanhurskaita asenteissamme ja teoissamme.

Vanhurskaus tarkoittaa yksinkertaisesti sitä, että alistumme Jumalan hallintavaltaan tai tahtoon. Tämän näemme kohdissa Matt. 3:15, 5:6,10,20 ja 21:32, Joh. 16:8,10, Room. 6:12–23, Ef. 6:14 sekä Jaak. 1:20 ja 3:18. Vanhurskauden nälkä on nälkää Jumalan puoleen ja janoa mukautua hänen tahtoonsa – halua miellyttää Jumalaa elämällä hänen hallintavaltansa alla ja tekemällä hyviä tekoja.

Milloin meidät ravitaan?
Jeesus lupaa, että ne, joilla on vanhurskauden nälkä ja jano, ravitaan. Hän ei määrittele erikseen millä heidät ravitaan, mutta sen täytyy viitata Jumalan vanhurskauteen. Neljä seuraavaa asennetta kuvaavat, mitä tämä yksityiskohtaisesti tarkoittaa.

Jeesus ei myöskään sano milloin heidät ravitaan – ainoastaan, että se tapahtuu sen jälkeen, kun heillä ensin on nälkä ja jano. Uusi testamentti kuitenkin osoittaa, että tässäkin toistuvat valtakunnan "nyt" ja "ei vielä" -todellisuudet.

- ◆ Room. 5:1 puhuu vanhurskauden lahjasta, jonka kautta meillä on oikea asema Jumalan edessä ("rauha Jumalan kanssa"), ja jonka jokainen opetuslapsi on saanut
- ◆ 2. Kor. 3:9–18 kuvaa lisääntyvää vanhurskautta.
- ◆ 2. Piet. 3:13 kertoo tulevasta uudesta taivaasta ja maasta, joissa vanhurskaus vallitsee.

Valtakunnan asenteet

Laupeus

Viides asenne on seuraava vaihe muutoksessamme Kristuksen kaltaisuuteen. Neljä ensimmäistä painottavat vakavia puutteitamme ja tarpeitamme, ja tämän viidennen myötä alkavat luonteemme positiiviset puolet tulla esiin. "Autuaita ovat laupiaat, sillä he saavat laupeuden" (v. 1938 käännös). Jumalan hallintavallan alla elävät opetuslapset ovat perusluonteeltaan laupiaita tai armahtavaisia.

Viimeiset neljä asennetta perustuvat ensimmäisiin neljään asenteeseen. Ne ovat itse asiassa niiden suoraa seurausta, sillä ne kuvaavat sitä luonnetta, joka kehittyy niille opetuslapsille, jotka näkevät itsensä rehellisessä valossa ja ymmärtävät, millä perustalla heidän Jumalasuhteensa on.

Jeesus on aina enemmän huolissaan seuraajiensa asenteista kuin teoista, heidän ajatuksistaan kuin käytöksestään, joten tässäkin kohdassa hän ylistää laupiaita sen sijaan, että ylistäisi niitä, jotka tekevät laupiaita tekoja. Edellisen autuaaksijulistuksen lopussa heidät ravittiin, ja nyt Jeesus paljastaa millä heidät on ravittu.

Jumalan valtakunnassa "tekeminen" on seurausta "olemisesta". Tekomme kertovat keitä olemme – ne ilmaisevat sisäisiä asenteitamme. Opetuslapsen elämän tulee osoittaa laupeutta, koska kukaan ei voi alunperinkään olla opetuslapsi, ellei ole ensin saanut kokea Jumalan laupeutta.

Mitä on laupeus?

Laupeus ei ole "hällä väliä" -asenne, jossa millään ei ole väliä, lakeja ei täydy noudattaa ja ihmiset voivat tehdä mitä haluavat. Jeesuksen kuvaileman laupeuden täytyy olla tämän vastakohta, jos se kerran kuvaa niitä ihmisiä, jotka on ravittu Jumalan vanhurskaudella. Laupeus on aitoa vain silloin, kun ihminen janoaa Jeesuksen täydellisen elämän ja Jumalan korkeiden normien täyttämää elämää.

Jotkut uskovat tuntuvat pysähtyvän neljännen asenteen jälkeen. He tietävät, että Jumala on oikeudenmukainen ja pyhä. He tuntevat hänen norminsa ja janoavat niitä. Mutta

Jumalan hallintavalta

heistä tuleekin tuomitsevia eikä armahtavia. He saattavat osoittaa Jumalan vanhurskautta, mutta he eivät osoita Jumalan laupeutta. Näin he antavat maailmalle täysin väärän kuvan Jumalasta. Efesolaiskirjeen jae 2:4 kertoo, että Jumalan laupeus on runsasta. Tätä meidänkin tulisi heijastaa asenteissamme ja teoissamme.

Laupeus on pitkälti armon kaltaista. Se kuvaa sitä, kuinka Jumala antaa vapaasti ilman mitään ehtoja kaiken ihmisille, jotka eivät todellisuudessa ansaitse mitään. Armo liittyy ihmisiin ja heidän synteihinsä, laupeus taas ihmisiin ja heidän kärsimykseensä. Armo on Jumalan vastaus ihmisten syntiin kokonaisuutena, laupeus taas Jumalan tapa käsitellä synnin aiheuttamaa kärsimystä.

Laupeus on käytännöllistä sääliä tietyn henkilön kärsimyksen vuoksi – sekä halu, aikomus ja toimi helpottaa tuota kärsimystä. Se on empaattisuutta yhdistettynä tekemiseen. Voimme lukea siitä kohdissa Mark. 1:40 ja Luuk. 10:25–37.

Tietysti monilla tavallisillakin ihmisilläkin on tällainen tunne sellaisia ihmisiä kohtaan, jotka ovat selvästi puutteenalaisia. Jeesuksen laupeus menee kuitenkin paljon pidemmälle, sillä se kärsimys, jota hän säälii ja pyrkii helpottamaan sisältää myös sellaisia asioita, joita ihmiset tavallisesti tavoittelevat – materialismin, vaurauden, vallan ja ahneuden aiheuttamaa kurjuutta sekä muita itsekkyyden ja synnin seurauksia.

He saavat laupeuden
Jumala on ainoa hyväksyttävä esimerkki. Hän antoi ihmiskunnalle tämän planeetan. Me pilasimme sen. Hän antoi meille vapauden rakastaa itseään. Me torjuimme hänet. Hän lähetti poikansa osoittaakseen rakkautensa meille. Me ristiinnaulitsimme hänet. Hän näkee kärsimyksemme, kurjuutemme, kunnianhimomme ja rakkautemme omistamiamme asioita kohtaan. Hän kuulee valheemme, ylimielisyytemme, rehentelymme sekä luottamuksemme väärään viisauteen. Ja kaikkiin näihin hän vastaa entistä suuremmalla armolla ja laupeudella.

Valtakunnan asenteet

Jeesuksen ylistämät autuaat ovat niitä, jotka ovat täysin tunnistaneet millaisia he itsessään ovat. He ovat hengessään köyhiä – ja hän antaa heille valtakuntansa. He ovat murheellisia – ja hän lohduttaa heitä. He ovat nöyriä – ja hän lupaa heille maan. He janoavat hänen vanhurskasta olemustaan ja tekojaan – ja hän ravitsee heidän täysin.

Menneiden ja nykyisten kokemuksiemme Jumalan laupeudesta tulisi väistämättä vaikuttaa asenteisiimme muita kohtaan.

Kun ymmärrämme omat heikkoutemme ja lankeemuksemme, olemme myös valmiita osoittamaan laupeutta niille, jotka kärsivät samankaltaisten inhimillisten vajavaisuuksien vuoksi.

Alamme täyttyä laupeudella kun ymmärrämme, että olemme ikuisessa kiitollisuudenvelassa Jumalalle hänen laupeudestaan – kun tulemme täysin tietoisiksi siitä, että kaikki mitä olemme on ainoastaan Jumalan äärettömän suuren armon ansiota.

Vaikutus tulevassa

Vaikka olemmekin saaneet kokea Jumalan laupeutta jo nyt, Jeesuksen tässä lupaama laupeus kuuluu tulevaan. Tämä osoittaa, että laupias asenne ei ole pelastuksen ehto, vaan pikemminkin todiste opetuslapseudesta.

Tämä Kristukselle ominainen piirre, kuten moni muukin, johtaa Jumalan siunauksiin. Se palkitaan viimeisenä päivänä. Jos kieltäydymme osoittamasta laupeutta – tai muita valtakunnan asenteita –, emme menetä pelastusta, mutta aiheutamme murhetta taivaalliselle Isällemme.

Puhdassydämiset

Ensi katsomalta tämä kuudes asenne näyttää olevan väärässä paikassa. "Autuaita puhdassydämiset: he saavat nähdä Jumalan" on niin valtava lupaus, että sen luulisi olevan luettelossa joko ensimmäisenä tai viimeisenä. Mutta asenteet ovat loogisessa järjestyksessä. Jokainen on seurausta edellisestä

Jumalan hallintavalta

ja edeltäväänsä haastavampi – ja meidän on tarkoitus mennä kaikkien niiden läpi aina Jumalan sydämelle asti.

Monet opetuslapset, jotka ovat hengessään köyhiä ja tietävät, etteivät ole Jeesukseen verrattuna mitään, tulevat murheellisiksi heikkouksistaan. Osa niistä, jotka surevat itsessään olevaa pahaa, muuttuu nöyräksi muiden edessä ja antaa myös muiden tutkia itseään. Jotkut näistä nöyristä eivät suostu tyytymään heikkouksiinsa, vaan heihin syttyy vanhurskauden nälkä ja jano. Jotkut niistä opetuslapsista, jotka saavat maistaa Jumalan armoa ja laupeutta muuttuvat muita kohtaan laupiaiksi. Näistä laupeutta täynnä olevista osa etenee Jumalan hallintavallassa, ja heistä tulee puhdassydämisiä.

Kuten muutkin asenteet, tämäkin osoittaa, että Jeesus on kiinnostuneempi sisäisistä kuin ulkoisista asioista. Jeesus ei ylistä puhtaasti käyttäytyviä, sillä hän on kiinnostuneempi ihmisen luonteesta kuin käytöksestä. Hän ei myöskään ylistä puhdasta oppia. Valtakunnan kutsu ja ensimmäiset viisi asennetta ovat saattaneet saada meidät ajattelemaan, että Jeesus ylistäisi autuaiksi "puhdasoppisia", mutta Jeesus kutsuukin autuaiksi puhdassydämisiä, sillä he – vain he ainoastaan – saavat nähdä Jumalan.

Mitä on puhdassydämisyys?
Jeesuksen aikana sydäntä pidettiin paikkana, jossa ihmisen persoonallisuus sijaitsee. Siellä oli ihmisen olemus, hänen sisäinen näkymätön "minänsä", joka mainitaan kohdissa 1. Sam. 16:7 ja 1. Piet. 3:4. Jeesus siis viittaa sellaisiin opetuslapsiin, jotka ovat puhtaita ajattelussaan, tunteissaan ja tahtomisessaan –, jotka ovat puhtaita syvimmältä olemukseltaan, josta kaikki asenteet ja tunteet kumpuavat.

Yksi Raamatun keskeisistä sanomista on "huolehdi sydämesi tilasta". Näemme tämän jakeissa Sananl. 4:23 ja Matt. 15:8. Se tarkoittaa kahta asiaa:

Valtakunnan asenteet

◆ Meidän tulee olla täysin puhtaaksi pestyjä

◆ Meillä ei tule olla mitään salattua, vaan meidän tulee olla rehtejä, rehellisiä, avoimia ja määrätietoisia.

Jumalan näkeminen

Kuten aiemmatkin lupaukset, myös tämän merkitys jättää tulkinnan varaa. Jeesus ei selvennä kuinka, missä tai milloin puhdassydämiset saavat nähdä Jumalan. Hän vain tekee selväksi, että he saavat nähdä hänet. Vastaava ajatus löytyy kohdista 1. Kor. 13:12, 1. Tim. 1:17, 6:16 ja 1. Joh. 3:2.

Tämäkin lupaus toteutuu osittain "nyt" ja täydellisesti "sitten". Tavallaan opetuslapset näkevät Jumalan jo nyt tavalla, jolla muut eivät häntä näe: luomakunnassa, muissa ihmisissä, tapahtumissa, uskovissa, ylistyksessä, Raamatussa ja jokapäiväisissä kokemuksissaan. Kaikki tämä on Jumalan näkemistä – mutta se ei ole mitään verrattuna siihen, miten puhtaat tulevat hänet kerran näkemään.

Kun meillä on tapaaminen tärkeän ihmisen kanssa, valmistaudumme peseytymällä huolellisesti, valitsemalla sopivimmat vaatteet ja miettimällä, mitä sanoisimme. Kun ymmärrämme, että meillä on mahdollisuus nähdä Jumala, kaikki muu muuttuu epäolennaiseksi. Kun käsitämme, että meillä on mahdollisuus nähdä Kuningasten kuningas, teemme kaikkemme, että se toteutuisi.

Vain puhdassydämiset saavat nähdä hänet, eikä kukaan voi itse puhdistaa sydäntään. Voimme estää sen puhdistamisen tai hidastaa prosessia, mutta emme voi itse puhdistaa itseämme. Se on Jumalan työtä.

◆ Hän vaatii ehdotonta puhtautta – Ps. 24:4, Hepr. 12:14 ja Ilm. 21:27.

◆ Hän antaa sisäisen puhtauden – Hes. 36:25–27, 1. Kor. 6:11, Hepr. 10:22 ja 1. Joh. 1:7.

Mutta kohdat Ps. 86:11, Room. 8:5, 2. Kor. 6:17–7:1 ja Ef. 5:3–10 osoittavat, että meillä täytyy olla aito sydämen

Jumalan hallintavalta

kaipaus Jumalan puoleen. Meidän täytyy haluta olla Jumalan hallintavallan alla, jakaa hänen asenteensa ja olla kuin Jeesus.

Rauhantekijät

Langenneelle ihmiskunnalle on luonteenomaista haluta kontrolloida, hallita ja olla voimakas. Se ei kuitenkaan ole Jeesuksen tapa toimia. Hän ei ylistänyt sotureita tai hallitsijoita, voimakkaita tai johtajia, vaan sanoi: "Autuaita rauhantekijät: he saavat Jumalan lapsen nimen."

Vain hengessään köyhät opetuslapset pääsevät sisään Jumalan valtakuntaan. Muutamat lamaantuvat ymmärtäessään oman köyhyytensä, mutta muut kasvavat hengellisesti ja alkavat surra heikkouksiaan. Osa surijoista jää voivottelemaan, mutta muista tulee nöyriä. Pari kolme näistä jää passiivisiksi ja heikoiksi, mutta suurin osa alkaa janota vanhurskautta ja oikeaa asemaa Jumalan edessä.

Valitettavasti muutamat niistä, jotka saavat maistaa Jumalan vanhurskautta, muuttuvat koviksi, mutta muut tulevat täyteen laupeutta. Jotkut laupiaat opetuslapset tyytyvät toiseksi parhaaseen, vaikka meidät kaikki on kutsuttu kasvamaan puhdassydämisyyteen. Jotkut puhdassydämiset valitsevat elää erillään maailmasta, mutta Jumala haluaa meidän puskevan eteenpäin siihen pisteeseen, jossa asenteemme muuttuvat teoiksi, jossa luonteemme näkyy käytöksessämme, ja jossa olemme niin Jumalan ravitsemia ja täyttämiä, että se näkyy käytännön tasolla siinä, että olemme selkeästi Kristuksen kaltaisia.

Meidän on tärkeä ymmärtää, että jokainen meistä voi kasvaa ja edetä näissä asenteissa. Vaikka jotkut uskovat liukuvatkin välillä taaksepäin, ei se tarkoita sitä, että me kaikki väistämättä pysähdymme jossain kohtaa hengellisessä elämässämme. Jeesus kutsuu meitä seuraamaan itseään, ja häneltä saamme kaiken, mitä tarvitsemme seurataksemme häntä syvälle hänen ihmeelliseen valtakuntaansa.

Meidän kaikkien on mahdollista saavuttaa se piste, jossa olemme täynnä hänen asenteitaan, joten meidän tulee

Valtakunnan asenteet

jatkaa eteenpäin Jumalan tiellä silloinkin, kun se on kapea ja vaikeakulkuinen.

Nämä "autuaat asenteet" osoittavat, että ihmisillä, jotka ovat täynnä Jumalaa, on kolme positiivista luonteenpiirrettä: laupeus, puhtaus ja kyky rakentaa rauhaa. Nämä ovat Jumalan hallitsemien opetuslasten pääpiirteet.

Asenteiden muuttuessa haastavammiksi, myös lupaukset muuttuvat paremmiksi. Opetuslapsia, jotka ovat rauhantekijöitä, kutsutaan "Jumalan lapsiksi". He eivät vain ole asiakkaita, katsojia, jäseniä, kansalaisia, palvelijoita, kumppaneita tai opetuslapsia – vaan myös lapsia. He saavat uuden identiteetin, joka sopii heidän uuteen luonteeseensa, sekä uudenlaisen suhteen, joka sopii heidän asenteisiinsa.

Mitä on rauhan rakentaminen?
Rauhantekijät eivät ole riitaisia tai väittelynhaluisia. He eivät pyri aiheuttamaan ongelmia. He eivät aja omaa etuaan, vaan tekevät kaikkensa hintaan katsomatta, jotta saisivat rakennettua ihmisten välille rauhaisan ja Jumalan oikeudenmukaisuudelle perustuvan suhteen.

Rauhantekijät eivät ole yliherkkiä tai nopeita puolustautumaan. He eivät kysy uusien tilanteiden edessä kuinka ne vaikuttavat heihin tai heidän edustamaansa ihmisryhmään, vaan ovat puhtaita ja nöyriä. He ovat kuolleita itselleen ja omille pyrkimyksilleen – uusien tilanteiden edessä he kysyvät vain, miten ne vaikuttavat muihin ihmisiin.

Rauhantekijät ovat ensin murheellisia ja laupiaita. Kun he näkevät ihmisten olevan täynnä vihaa ja katkeruutta he ymmärtävät, että nämä ihmiset ovat itsekkyyden ja synnin uhreja. He tietävät, että nämä ihmiset ovat matkalla kadotukseen –, ja se tekee heistä vielä murheellisempia ja armahtavaisempia. Lisäksi se saa heidät toimimaan.

Rauhantekijät ovat hyvin käytännöllisiä ihmisiä. He tekevät kaikkea sitä, mistä vuorisaarnan muissa kohdissa puhutaan:

Jumalan hallintavalta

- ◆ He laittavan sovinnon tekemisen etusijalle
- ◆ He kulkevat toisenkin virstan
- ◆ He kääntävät toisen posken
- ◆ He rakastavat vihamiehiään
- ◆ He antavat jokaiselle, joka pyytää
- ◆ He pitävät anteliaisuutensa ja vanhurskautensa omana tietonaan
- ◆ He palvelet Jumalaa eivätkä rahaa
- ◆ He kiinnittävät sydämensä Jumalan valtakuntaan
- ◆ He eivät tuomitse muita
- ◆ He eivät huolehdi ja murehdi turhaan.

Voidaan oikeastaan sanoa, että loput vuorisaarnasta on vain pitkä kuvaus siitä, mitä rauhan rakentaminen käytännön tasolla tarkoittaa. Se on seurausta autuaista asenteista ja osoittaa, mitä Jumalan hallintavallan alla – hänen valtakunnassaan – eläminen tarkoittaa.

Totesimme jo alussa, että näitä Jeesuksen luettelemia vaikeita asioita on mahdotonta toteuttaa omin voimin. Nyt huomaamme, että ne ovat luonnollista seurausta siitä, että ihminen seuraa Jeesusta ja etenee hengen köyhyydestä aina rauhan rakentamiseen saakka.

Jumalan lapset
Jumala tunnustaa lapsikseen ne opetuslapset, jotka tekevät iankaikkisesta ja maanpäällisestä rauhasta päämääränsä. Tämän vuoksi niin monia Raamatun lupauksia taivaallisesta palkasta ja perinnöstä ei ole tarkoitettu niille, joilla on tietty oppi tai tietty tapa käsitellä demoneja, vaan niille, jotka toivottavat muukalaiset tervetulleiksi, ruokkivat nälkäiset ja antavat kodittomille kodin.

Jumalan lapsena oleminen tarkoittaa sitä, että on Jeesuksen veli tai sisko. Hän ilmaisi kaikkia kahdeksaa asennetta kaiken

Valtakunnan asenteet

aikaa, mutta hänen tärkein tavoitteensa oli rakentaa rauhaa niin ihmisten välille kuin myös Jumalan ja ihmisten välille. Jeesus on "Rauhan ruhtinas" – ylin rauhantekijä – ja kaikkien häntä seuraavien tulisi olla hänen kaltaisiaan.

Vainotut

Ensimmäiset seitsemän asennetta ovat kaikki painottaneet sitä tosiasiaa, että Jumalan valtakunta on hyvin erilainen kuin nyky-yhteiskunnan ajattelutapa. Kahdeksas on vielä yllättävämpi: "Autuaita ovat ne, joita vanhurskauden vuoksi vainotaan: heidän on taivasten valtakunta."

Nykyään säälimme usein niitä, joita vainotaan. Pyrimme tukemaan heitä. Järjestämme kampanjoita heidän puolestaan. Joskus ihailemme heitä, mutta emme kadehdi heitä tai ajattele, että he olisivat autuaita. Mutta Jeesus pitää heitä autuaina – jos heitä vainotaan vanhurskauden vuoksi.

Seitsemän ensimmäistä asennetta kuvaavat niitä opetuslapsia, joita Jumala hallitsee. Viimeinen on pikemminkin väistämätön seuraus näistä seitsemästä kuin erillinen asenne. Kuitenkin myös se kertoo millainen aito Jeesuksen seuraaja on.

Maailma ei käänny kristinuskoon näiden kahdeksan asenteen vuoksi. Sureminen, nöyryys, laupeus ja puhtaus eivät houkuttele nykyihmisiä. Ja vaino vielä vähemmän. Jeesuksen viittaus siihen, että hänen asenteidensa mukaan eläminen johtaa väistämättä vainon kohteeksi joutumiseen, saa varmasti suurimman osan ihmisistä hylkäämään ajatuksen elämästä opetuslapsena. Mutta Jeesus kertoo aina koko totuuden ja antaa sitten meidän itse valita haluammeko seurata häntä tuolla kapealla tiellä.

Palkka

Jeesuksen lupaus vainotuille on sama kuin hengessään köyhille: taivasten valtakunta. Aloittamalla ja lopettamalla samalla palkkiolla Jeesus osoittaa, että hänen tärkein lahjansa meille on se, että olemme tiukasti sitoutuneita hänen taivaalliseen valtakuntaansa.

Jumalan hallintavalta

Jeesuksen opetuslapset olivat usein innoissaan saadessaan ihmisjoukkojen ihailua osakseen. Jeesus kuitenkin sanoi heille, ettei heidän tulisi iloita sellaisista asioista, vaan siitä, että heidän nimensä on merkitty taivaan kirjaan (Luuk. 10:17-20).

Näemme saman myös tässä. Niitä, joille oli luvattu maa, joita Jumala lupasi lohduttaa ja ravita, joille luvattiin Jumalan näkeminen ja Jumalan lapsen nimi muistutetaan, ettei mikään näistä ihanista asioista ole niin tärkeää kuin täysi osallisuus hänen valtakuntaansa. Se on todellisen opetuslapseuden aloitus ja lopetus.

Vanhurskauden vuoksi
Jeesus ei lupaa suurta palkkaa vainotuille. Hän ei lupaa mitään niille, joita vainotaan, koska he ovat kiusallisia tai paheksuttavia tai niille, joita vainotaan heidän poliittisten näkemystensä vuoksi. Hän ei ylistä niitä, jotka ovat fanaattisia tai jotka joutuvat vaikeuksiin, kun todistavat uskostaan typerillä tavoilla.

Hän yksinkertaisesti toteaa, että ne, joita vainotaan vanhurskauden vuoksi, saavat taivasten valtakunnan ja suuren palkan taivaissa. Tämä tulee selväksi jakeissa 5:11-12. Vanhurskauden vuoksi vainotuksi tuleminen tarkoittaa sitä, että joutuu kärsimään sen vuoksi, että on Jeesuksen kaltainen. Kun täytymme autuaaksijulistusten asenteilla, muutumme Jeesuksen kaltaisiksi – ja häntä vainottiin sen vuoksi, millainen hän oli.

Vaino on väistämätön seuraus siitä, että ihminen on Jeesuksen kaltainen. Tämän vuoksi Jeesus käski seuraajiaan ottamaan ristinsä joka päivä, tietämään, että yhteiskunta tulisi vihaamaan heitä ja olemaan valmiita kärsimään, pettymään ja kuolemaan – mutta ennen kaikkea pitämään itseään autuaina, koska taivasten valtakunta annettaisiin heille. Voimme lukea tästä myös kohdissa Luuk. 6:26, Joh. 15:18-21, 2. Tim. 3:12 ja 1. Piet. 2:19-23.

Valtakunnan asenteet

Vastustus

Monet uskovat kuvittelevat, että kristillinen usko itsessään olisi puoleensavetävää. He uskovat, että heidän ystävänsä tulisivat heti uskoon, jos vain saisivat kokea aitoa ylistystä, nähdä todellisen ihmeen tai tavata todella Kristuksen kaltaisen henkilön. Näiltä ihmisiltä menee ohi tähän asenteeseen sisältyvä totuus.

Todellinen kristillisyys on aina ollut erittäin luotaantyöntävää tavallisille ihmisille. Todellisia Jeesuksen seuraajia tullaan aina vainoamaan, sillä Jeesuksessa ja hänen seuraajissaan on jotain häiritsevän erilaista.

Jeesuksen opetus on epätavanomaista. Hänen asenteensa tekevät hyveitä ajatuksista, joita yhteiskunta halveksii. Historia opettaa meille, että ei-uskovaiset ystävämme ja sukulaisemme eivät automaattisesti ota vastaan Jeesusta edes nähdessään jotain todellista. Osasta heistä tulee jopa vainoajia kuten heidän edeltäjänsäkin olivat, jotka vainosivat Jeesusta ja häntä edeltäneitä profeettoja.

Kaikki, jotka todella elävät ensimmäisen seitsemän asenteen mukaan, tulevat kokemaan myös kahdeksannen. Kuten Jeesus aikanaan, hekin huomaavat, että heidän aikansa uskonnolliset ihmiset eivät tule ylistämään, vaan vainoamaan heitä.

Maailma ei tarvitse mitään niin paljon kuin sellaisia ihmisiä, joita Jeesus saa hallita tavalla, joka tekee heistä hänen kaltaisiaan. Seurakunta ei tarvitse mitään niin paljon kuin sellaisia opetuslapsia, jotka ovat yhä enemmän Jeesuksen kaltaisia. Ja vain yksi asia on yhtä varmaa kuin se, että heitä tullaan vainoamaan sen vuoksi, että he ovat hänen kaltaisiaan: se, että he saavat suuren palkan, kun valtakunta vihdoin saapuu täydessä muodossaan.

Vaikka maailma vainoaakin opetuslapsia, jotka ovat Jeesuksen kaltaisia, meidän täytyy muistaa, että Jumala käyttää juuri näitä opetuslapsia herättelemään maailmaa huomaamaan syntisyytensä ja sen, että se tarvitsee Jumalan valtakuntaa.

Osa 4

Maailma ja valtakunta

Kun olemme opetuslapsia, jotka ovat astuneet sisään Jumalan valtakuntaan ja alkaneet elää Jumalan hallintavallan alla, joudumme jatkuvasti elämään "maailman" ja "valtakunnan" puristuksessa. Meidän täytyy elää samaan aikaan sekä maailmassa että valtakunnassa.

Autuaaksijulistusten jälkeen vuorisaarnassa käsitellään sitä, miten maailma suhtautuu Jumalan valtakuntaan ja miten valtakunta suhtautuu maailmaan (Matt. 5:11–16).

Maailma

Uudessa testamentissa käytetään maailmaa tarkoittavaa sanaa *kosmos* kolmessa eri merkityksessä:

- ◆ Luotu maailma, koko luomakunta – Joh. 1:10, 17:5 ja Room. 1:20

- ◆ Ihmiskunta, kaikki ihmiset – Joh. 3:16, 6:14, 9:5,39, 11:27, 12:19, 13:1, 14:19, 18:37, 1. Kor. 14:10 ja 1. Tim. 6:7

- ◆ Syntinen maailma, joka on konfliktissa Jumalan kanssa – 1. Joh. 2:15–17.

Tämä tarkoittaa sitä, että kun näemme Uudessa testamentissa sanan "maailma", meidän on tärkeä miettiä, mihin näistä kosmos-sanan merkityksistä sillä viitataan, jotta vältyttäisiin vakavilta väärinymmärryksiltä. Esimerkiksi Johannes kertoo evankeliumissaan (3:16) Jumalan suuresta rakkaudesta maailmaa kohtaan, mutta 1. kirjeessään hän kieltää meitä rakastamasta maailmaa (2:15–17). Johannes käyttää sanaa *kosmos* selvästi kahdessa eri merkityksessä. Jakeessa Joh. 3:16 hän viittaa ihmiskuntaan, kun taas kohdassa 1. Joh. 2:15–17 hän viittaa systeemiin, joka on vihamielinen ja

Jumalan hallintavalta

kapinallinen suhteessa Jumalaan. Varoitus "älkää rakastako maailmaa" ei siis tässä tarkoita luomakuntaa tai ihmisiä, vaan maailmaa, joka vastustaa Jumalaa.

Juuri tähän *kosmos*-sanan merkitykseen viitataan myös, kun puhutaan valtakunnan ja maailman vastakkainasettelusta. Tällöin sanalla "maailma" viitataan kaikkeen siihen, mikä vastustaa Jumalaa, mutta mikä on kohdannut voittajansa Jeesuksessa.

Maailman vastustus

Uusi testamentti maalaa selkeän kuvan maailman ja Jumalan välisestä jännitteestä.

- Jeesus tuli maailmaan, mutta se ei tuntenut häntä – Joh. 1:10
- Ilman Jeesusta maailma on hengellisessä pimeydessä – Joh. 8:12, 9:5
- Maailma on vihamielinen Jeesusta kohtaan – Joh. 7:7
- Jeesus tuli tuomitsemaan ja syöksemään vallasta tämän maailman ruhtinaan – Joh. 12:31, 14:30, 16:11,33
- Opetuslapset eivät kuulu maailmaan – Joh. 17:9,14 ja 16
- Opetuslapset on lähetetty tuomaan uskoa ja tietämystä maailmaan – Joh. 17:18,21 ja 23
- Opetuslasten ei tule rakastaa maailmaa – 1. Joh. 2:15,16
- Maailma katoaa – 1. Kor. 7:31 ja 1. Joh. 2:17
- Se ei tunne Jumalaa – 1. Joh. 3:1
- Se vihaa kristittyjä – 1. Joh. 3:13
- Se kuuntelee vääriä profeettoja – 1. Joh. 4:1
- Sillä on antikristuksen henki – 1. Joh. 4:3
- Se kuuntelee omiaan – 1. Joh. 4:5

Maailma ja valtakunta

- Se on Pahan vallassa – 1. Joh. 5:19
- Jeesus on maailman pelastaja – 1. Joh. 4:14
- Usko Jeesukseen voittaa maailman – 1. Joh. 5:4–5
- Maailmaa kohtaa Jumalan tuomio – Room. 3:6, 1. Kor. 6:2 ja 11:32
- Maailman henki on eri kuin Jumalan henki – 1. Kor. 2:12
- Maailma on vailla toivoa ja vailla Jumalaa – Ef. 2:12
- Kristityt ovat valo kieroutuneen ja turmeltuneen sukukunnan keskellä – Fil. 2:15
- Jeesus on sovittanut maailman – 2. Kor. 5:19
- Kristityt elävät maailmassa, mutta eivät kuulu maailmaan – Kol. 2:20.

Näemme, että Jumalan valtakunnan ja maailman välillä on perustavanlaatuinen vastakkainasettelu. Ne eivät voi toimia rauhanomaisesti yhteisymmärryksessä, sillä maailma vastustaa valtakunnan oikeamielisyyttä ja valtakunta paljastaa maailman synnillisyyden. Kaikki tämä todistaa, että maailmassa elävien ihmisten on ehdottomasti synnyttävä uudesti – annettava Jumalan muuttaa itsensä aivan täysin. Ilman tätä armon työtä heillä ei ole mitään toivoa.

Viha ja vaino
Uusi testamentti ja seurakunnan historia todistavat selvästi, että maailma vihaa aitoa kristinuskoa ja vastustaa sitä vainoamalla kristittyjä. Meidän ei tule unohtaa tätä totuutta nykyäänkään, vaikka Jumala jatkuvasti siunaakin seurakuntaa aina vain suuremmalla kasvulla. Maailma tulee väistämättä jossain vaiheessa vastaaman sillä samalla vastustuksella, vihalla ja vainolla, jota seurakunta on saanut osakseen vuosisatojen ajan.

- Matt. 5:11 osoittaa, että meitä tullaan herjaamaan ja vainoamaan, ja että meistä tullaan valheellisesti

Jumalan hallintavalta

puhumaan pahaa.

◆ Luuk. 6:22 opettaa, että meitä tullaan vihaamaan ja herjaamaan, ja että ihmiset tulevat erottamaan meidät keskuudestaan ja inhoamaan meidän nimeämmekin.

◆ Ap.t. 14:22 opettaa, että Jumalan valtakuntaan mennään monen ahdingon kautta.

◆ 2. Tim. 3:12 sanoo, että kaikki, jotka haluavat elää hurskaasti Jeesuksen omina, joutuvat vainon kohteeksi.

◆ 1. Joh. 3:13 käskee meitä olla ihmettelemättä, jos maailma vihaa meitä.

Miksi maailma vainoaa Jumalan valtakuntaa?
Läpi koko Uuden testamentin kerrotaan siitä, kuinka maailma taistelee Jumalan valtakuntaa vastaan: Herodes pyrki tappamaan Jeesuksen, Johannes kastaja vangittiin ja tapettiin, Jeesus vangittiin ja ristiinnaulittiin, Pietari ja Johannes joutuivat vankilaan, Stefanos ja Jaakob tapettiin, uskovat joutuivat hajaantumaan ja Paavalia vastustettiin laajasti. Lisäksi ilmestyskirjassa kerrotaan monista tulevista ahdingoista.

Uusi testamentti pikemminkin valmistaa opetuslapsia kohtaamaan vainoa kuin pyrkii selittämään, miksi sitä on. Vaikuttaa kuitenkin siltä, että maailma vihaa Jumalan hallintavallan alla eläviä ihmisiä siksi, koska heidän elämänsä ovat niin täysin muista poikkeavia. Maailma ei koskaan hyväksy ihmisiä, jotka ovat erilaisia. Valtaosa ihmisten huonoimmasta käyttäytymisestä ilmenee juuri silloin, kun ihminen joutuu vastatusten erilaisuuden kanssa. Tätä on mm. rasismi, etninen puhdistus, apartheid, luokkataistelu, seksismi ja jopa se tapa, jolla ihminen kavahtaa kohdatessaan kerjäläisen tai henkisesti sairaan ihmisen.

Opetuslapset, jotka ovat täynnä Jeesuksen asenteita, ovat hengessään köyhiä, murheellisia, puhtaita, rakastavia, anteliaita ja laupiaita. Heillä on vanhurskauden nälkä ja he pyrkivät rakentamaan rauhaa ja vastustamaan tekopyhyyttä.

Maailma ja valtakunta

He vastustavat myös syntiä, itsekkyyttä ja materialismia. He eivät perusta luottamustaan koulutukseensa, oppimiinsa asioihin, luonnollisiin kykyihinsä tai uskonnollisiin rituaaleihin. He vastustavat maailman arvoja ja erottuvat aina erilaisina. Tämän seurauksena maailma vastaa vastustamalla heitä.

Raamatunkohdat kuten Kol. 1:13 ja 1. Joh. 5:7 painottavat juuri tätä eroa niiden välillä, joita maailma hallitsee suhteessa niihin, joita Jumala hallitsee. Ilmaukset kuten "valkeus ja pimeys" sekä "elämä ja kuolema" osoittavat, ettei maailmalla ja valtakunnalla ole mitään yhteistä – ne ovat täysin erilaisia. Tämän yleisen eroavaisuuden lisäksi Uusi testamentti tuo esiin kaksi pääasiallista syytä sille, miksi maailma vihaa opetuslapsia.

1. Sana

- Joh. 5:24 sanoo, että Jeesuksen sanan kuuleminen johtaa kuolemasta elämään, maailmasta Jumalan valtakuntaan.

- Matt. 13:18–23 osoittaa, että valtakunnan sanan kuuleminen on keskeistä taistelussa maailman ja valtakunnan välillä. Jae 21 tekee selväksi, että ahdinkoa ja vainoa tulee sanan vuoksi. Jae 22 osoittaa, että maailma pyrkii tukahduttamaan sanan.

- Joh. 17:14 yhdistää Jeesuksen sanat ja maailman vihan. Opetuslapsia vihataan, koska he "eivät kuulu maailmaan". He "eivät kuulu maailmaan", koska ovat ottaneet Jeesuksen sanan vastaan.

Tiedämme, että valtakunta on Jumalan henkilökohtainen hallintavalta ja olemme nähneet, että hän hallitsee meitä henkilökohtaisesti ja suoraan sanansa kautta. Hän puhuu meille, ja me vastaamme uskomalla hänen sanansa ja alistumalla sille.

Maailma ymmärtää sääntöjä, systeemejä ja koodeja – se on luonnostaan lainalainen. Jumalan sanaan pohjautuva valtakunta taas on maailman vastakohta, ja maailma pyrkii kaikin keinoin tuhoamaan sen.

Jumalan hallintavalta

2. Kristus

* Joh. 15:18-25 osoittaa, että maailma vihaa meitä, koska Jeesus valitsi meidät ja me kuulumme hänelle. Se vihasi häntä ennen kuin se vihasi meitä. Se vihaa meitä, koska Jeesus valitsi meidät omikseen maailmasta. Se vainoaa meitä, koska se vainosi häntä. Se vastustaa meitä hänen nimensä tähden – Jeesuksen tähden.

Opetuslasten kohtaama vaino ei kohdistu ensisijaisesti suoraan heihin itseensä, vaan häneen, joka hallitsee heitä. Sen on tarkoitus satuttaa Kristusta ja tuottaa tuskaa Jumalalle. Joh. 16:1-4 osoittaa, että maailma vainoaa, koska se ei tunne Jumalaa eikä Jeesusta.

Valtakunnan vastaus
Uusi testamentti tekee selväksi, että Jumalan hallintavallan alla elävien opetuslasten tulee vastata maailman vastustukseen kolmella toisiaan täydentävällä tavalla. Jokainen näistä kuvastaa sitä tapaa, jolla Jeesus käsitteli vastustusta omana aikanaan.

Kestäkää kaikki
Johanneksen evankeliumin kohdassa 17:12-18 Jeesus rukoilee opetuslastensa puolesta. Hän sanoo, että he eivät ole maailmasta ja että maailma vihaa heitä. Hän ei kuitenkaan pyydä Jumalaa ottamaan heitä pois maailmasta, vaan varjelemaan heidät pahalta. Jeesus lähettää opetuslapset maailmaan vaikka hän tietää, että he tulevat kohtaamaan suurta vastustusta. Heidän täytyy kestää kaikki, mitä maailma heittää heitä kohti.

Pyhien kestävyyttä painotetaan Uudessa testamentissa aina uudestaan ja uudestaan. Esimerkiksi:

* Ap.t. 14:22 – uusia opetuslapsia rohkaistiin ja kehotettiin pysymään uskossa ja heille kerrottiin, että Jumalan valtakuntaan mennään sisään monen ahdingon kautta
* Room. 8:17 – kärsimme yhdessä "Kristuksen kanssa"

Maailma ja valtakunta

- Room. 15:4–5 – Jumala antaa meille kestävyyttä sanansa kautta

- 1. Kor. 4:11–16 ja 2. Tim. 3:10–12 – Paavali kesti vainoa ja kehotti lukijoitaan ottamaan itsestään mallia

- Fil. 1:27–30 – meidän tulee pysyä lujina, eikä antaa vastustajien säikyttää itseämme

- 2. Tess. 1:4–8 – meillä tulee olla kestävyyttä ja uskoa

- 2. Tim. 2:3 – meidän tulee kestää kuin sotilas

- 2. Tim. 2:12 – kestävyytemme palkitaan

- Hepr. 6:15 – Aabrahamin kärsivällinen odotus palkittiin

- Hepr. 10:29–39 – meidän tulee kärsiä kärsivien kanssa ja kestää, jotta saisimme jotain parempaa taivaassa

- Jaak. 5:11 – kestävyys on osa Jumalan suunnitelmaa meitä varten

- 1. Piet. 2:19–23 – Jumala arvostaa kestävyyttä.

Rakastakaa vainoojia ja antakaa heille anteeksi
Yhdessä kohdassa vuorisaarnaa Jeesus selittää, kuinka odottaa opetuslastensa suhtautuvan vihamiehiinsä (Matt. 5:43–48). Jos olemme täynnä hänen asenteitaan, me:

- rakastamme vihamiehiämme

- siunaamme niitä, jotka kiroavat meitä

- teemme hyvää niille, jotka vihaavat meitä

- rukoilemme vainoojiemme puolesta.

Jakeet 45–48 osoittavat, että meidän tulee toimia näin siksi, koska se on Jumalan tapa toimia. Lisäksi jae Luuk. 23:34 kuvaa täydellisesti sitä, kuinka Jeesus suhtautui vainoojiinsa.

Jeesuksen opettamat asiat toistuvat pitkälti Roomalaiskirjeen kohdassa 12:14–21. Meidän ei tule antaa pahan voittaa itseämme, vaan voittaa paha hyvällä. Tämä

Jumalan hallintavalta

toteutuu siinä, että rakastamme käytännöllisellä tavalla vihamiehiämme ja siunaamme heitä.

Iloitkaa, kun kohtaatte vainoa
Kuten edellä näimme, jakeessa Matt. 5:12 Jeesus kehottaa meitä iloitsemaan ja olemaan onnellisia, kun meitä vainotaan. Luuk. 6:23 menee vielä pidemmälle! Ensisilmäyksellä tämä vaikuttaa absurdilta. Mutta meidän ei tulekaan iloita ja hyppiä riemusta siksi, että meitä vainotaan, vaan siksi, koska palkka, jonka me taivaassa saamme, on suuri.

- Ap.t. 5:41, 16:25, Fil. 2:16–17 ja Kol. 1:24 kertovat, kuinka opetuslapset laittoivat Jeesuksen opetuksen käytäntöön.

- Room. 5:3–5 kertoo, että Paavali riemuitsi ahdingosta sen vuoksi, mitä se sai hänessä aikaan.

- 2. Kor. 4:16–18 osoittaa, että se tapa, jolla opetuslapset suhtautuvat hetkelliseen ahdinkoon voi tuottaa heille "määrättömän suuren, ikuisen kirkkauden".

- Jaak. 1:2–3 rohkaisee meitä iloitsemaan kaikista koettelemuksista, sillä ne saavat meissä aikaan kärsivällisyyttä.

- 1. Piet. 4:12–19 rohkaisee meitä iloitsemaan, koska saamme olla osallisia Kristuksen kärsimyksistä – sekä vihjaa, että viimeisenä päivänä koittaa vielä suurempi ilo.

Valtakunnan todeksi eläminen maailman keskellä
Johanneksen evankeliumin kohta 17:15–18 on ehdottoman tärkeä, jos haluamme ymmärtää suhdettamme Jumalan valtakuntaan ja maailmaan. Jeesus lähettää meidät maailmaan. Hän haluaa meidän olevan vahvasti osallisia siitä. Hän tiedostaa, että emme ole maailmasta ja että maailma vihaa meitä. Siitä huolimatta hän ei rukoile, että Jumala ottaisi meidät pois maailmasta, vaan että Jumala varjelisi

Maailma ja valtakunta

meidät maailmassa. Miksi hän tekee näin? Siksi, koska hän haluaa meidän julistavan hyvää sanomaa maailmalle – niin sanoillamme kuin teoillamme –, jotta maailma voisi tuntea totuuden Jumalan rakkaudesta.

Matteuksen evankeliumin kohdassa 5:13–16 Jeesus käyttää kahta kuvaa havainnollistamaan, millä tavoin meidän tulee olla osallisia maailmaan, joka vihaa ja vainoaa meitä.

Maan suola
Jakeessa Matt. 5:13 Jeesus sanoo, että opetuslapset ovat "maan suola". Jeesuksen aikana suolalla oli viisi erilaista käyttötarkoitusta:

- Sitä lisättiin ruokaan antamaan makua ja tekemään ruoasta vielä herkullisempaa

- Sitä hierottiin lihaan säilymisen vuoksi, hidastamaan pilaantumista

- Sitä heitettiin ihmisten jätöksiin desinfioimaan ja tuhoamaan taudinaiheuttajia

- Sitä höyrystettiin ja käytettiin siten antiseptisena aineena nopeuttamaan paranemista

- Sitä levitettiin pelloille hedelmöittämään maata ja lisäämään satoa.

Kun Jeesus sanoo, että opetuslasten tulee olla maan suola, hänellä lienee ollut mielessään kaikki nämä suolan jokapäiväiset käyttötarkoitukset.

- Maailma on epämiellyttävä – Jumalan hallintavallan alla elävät opetuslapset tekevät siitä miellyttävämmän.

- Maailma on pilalla ja pilaantuu jatkuvasti lisää – opetuslapset estävät sitä muuttumasta liian kammottavaksi.

- Maailma on silkkaa jätettä – opetuslapset taistelevat aktiivisesti pahuutta vastaan.

Jumalan hallintavalta

- Maailma on sairas – opetuslapset tuovat parantumista.

- Maailma on Jumalan siemenen maaperä – opetuslapset tekevät maaperästä hedelmällisemmän kasvualustan siemenelle.

Jos aiomme elää todeksi tehtäväämme "suolana", meidän täytyy olla vahvasti osallisia maailmasta. Suola ei kykene estämään lihan pilaantumista, ellei sitä hierota lihan pintaan. Se ei voi nopeuttaa paranemista, ellei se ole kontaktissa taudin kanssa. Se ei voi toimia desinfiointiaineena, ellei se ole keskellä kaikkia elämän epämiellyttävimpiä puolia. Suola ei voi toimia suolana, jos se jää säilytysastiaan – silloin se menettää suolaisuutensa ja muuttuu tehottomaksi – sen täytyy olla "maailmassa".

Opetuslapset ovat maan suola viidellä toisiaan täydentävällä tavalla:

- *Läsnäolomme* – kun elämme Jumalan hallintavallan alla ja olemme täynnä valtakunnan autuaita asenteita, pelkkä läsnäolomme parantaa ympäröivää maailmaamme ja tekee "maaperästä" vastaanottavaisemman Jumalan sanalle.

- *Protestimme* – kun puhumme Jumalan arvoista, vastustamme epäoikeudenmukaisuutta ja pahaa sekä seisomme sorrettujen rinnalla, protestoimme Jumalan mielen mukaisella tavalla ja autamme ehkäisemään turmeltumista ja tuomaan paranemista ja puhdistumista.

- *Julistuksemme* – kun saarnaamme hyvää sanomaa ja julistamme Jumalan tahtoa elämästä ja vanhurskaudesta, puhumme sanoja, jotka muuttavat maailmaa, sillä yksikään Jumalan inspiroima saarna ei ole turha.

- *Rukouksemme* – kun rukoilemme maailman puolesta, rukouksemme vaikuttavat siihen, että Jumalan voima voi tuoda muutosta, parannusta, parantumista ja elämää.

Maailma ja valtakunta

◆ *Käytännöllinen palveluksemme* – kun ruokimme nälkäiset, vaatetamme alastomat, vierailemme vangittujen luona, pesemme toisten jalat, toivotamme muukalaiset tervetulleiksi ja lohdutamme niitä, joilla on särkynyt sydän, teemme Jumalan johdattamia tekoja, jotka muuttavat maailmaa ja toimivat suolan tavoin.

Opetuslapsille suolaan liittyi myös hengellinen merkitys. Vanhassa testamentissa suola edusti Jumalan ja hänen kansansa välistä liittoa. Näemme tämän esimerkiksi kohdissa 4. Moos. 18:19 ja 2. Aik. 13:5. Kolmannen Mooseksen kirjan jae 2:13 osoittaa, että juutalaiset muistuttivat itseään tästä liitosta lisäämällä suolaa uhreihin – erityisesti ruokauhreihin.

Tämä puhuu meille siitä, että olemalla maan suola todistamme maailmalle liitostamme Jumalan kanssa ja siitä, että olemme riippuvaisia hänen uhristaan.

Maailman valo
Matteuksen evankeliumin jakeissa 5:14–16 voimme lukea Jeesuksen toisen kuvauksen valtakunnan suhteesta maailmaan. Me olemme maailman valo. Valomme ei saa olla piilossa, vaan sen tulee loistaa ihmisten edessä, jotta he ylistäisivät Isäämme, joka on taivaissa.

Kohdat Ef. 4:18 ja 5:8–13 sekä Kol. 1:12–13 painottavat, että maailma on pimeyden vallassa. Ne myös antavat ymmärtää, ettei ole "harmaata" aluetta. Me olemme joko valkeutta tai pimeyttä. Ihmiset ovat pimeyttä silloin, kun pimeyden vallat ohjaavat heitä. Heistä tulee valkeutta, kun heidät siirretään Jumalan valtakuntaan, jonka hallitsija on "maailman valo".

Johanneksen evankeliumissa puhutaan paljon valkeudesta. Jeesuksen elämä oli ihmisten valo (1:4). Hän on todellinen valo, joka valaisee jokaisen ihmisen (1:9). Hän on maailman valo. Se joka seuraa häntä, ei kulje pimeässä, vaan hänellä on elämän valo (8:12).

Lehtimajanjuhlan aikaan Jeesus sanoi merkittävät sanat, kun hän kutsui itseään maailman valoksi (7:1–10:21). Tuon juhlan

Jumalan hallintavalta

aikana oli joka päivä tapana sytyttää iltahämärän alkaessa kynttilät neljään kultaiseen kynttilänjalkaan kuvastamaan sitä tulipatsasta, jossa Jumala öisin johdatti kansaansa erämaassa. Kun Jeesus lausui sanansa tässä kontekstissa, hän ilmoitti suoraan olevansa jumalallinen ja johtavansa kansaansa pysyvästi.

Johannes kertoo kaksi tapausta osoittaakseen, kuinka erityinen Jeesuksen valkeus oli. Ensimmäisessä tapauksessa aviorikoksesta tavattu nainen seisoi täysin paljastettuna Jeesuksen edessä, mutta Jeesus ei tuominnut häntä. Fariseukset sen sijaan saivat tuomion ja joutuivat poistumaan Jeesuksen luota (8:3–12). Toisessa tapauksessa oli kyse ihmeestä, jossa sokea sai näkönsä sen jälkeen, kun Jeesus ensin sanoi: "Minä olen maailman valo" (9:1–7). Jeesus myös puhui itsestään johdattavana valona kohdissa Joh. 11:10 ja 12:35–36.

Tämä kaikki viittaa siihen, että Jumalan valo tarkoittaa johdatusta, ihmeitä ja myötätuntoa. Muissa kohdissa Raamatussa Jumalan valo on yhdistetty seuraaviin asioihin:

- *Jumalan valtaistuimen kirkkaus* – 1. Tim. 6:16
- *Jumalan luonto* – Jaak. 1:17 ja 1. Joh. 1:5
- *Jumalan mielisuosio* – Ps. 4:7
- *Jumalan sanat* – Ps. 119:105 ja Jes. 51:4
- *Jumalan johdatus* – Ps. 112:4 ja Jes. 58:10
- *Pelastus* – 1. Piet. 2:9
- *Vanhurskaus* – Room. 13:12, 2. Kor. 11:14–15 ja 1. Joh. 2:9–10
- *Todiste Jumalasta* – Joh. 5:14–16, 5:35.

Kun olemme maailman valo, heijastamme jollain tavoin kaikkia näitä raamatullisia ajatuksia. Tämä tarkoittaa sitä, että loistamalla Jumalan valoa me itse asiassa osoitamme maailmalle millainen Jumala on.

Meidän on tärkeä ymmärtää Jeesuksen tarkoittama ajatus valon ja tekojen suhteesta. Valomme tulisi loistaa, jotta maailma

Maailma ja valtakunta

näkisi hyvät tekomme pikemmin kuin kuulisi hyvät sanamme. Loput vuorisaarnasta kuvaa ja havainnollistaa pohjimmiltaan sitä, mitä suolana ja valona oleminen käytännön tasolla tarkoittaa niiden elämissä, jotka elävät Jumalan valtakunnassa ja Jumalan henkilökohtaisen hallintavallan alla.

Osa 5

Vanhurskaus valtakunnassa

Jeesuksen opetuslapsina tiedämme, että meidät on kutsuttu elämään Jumalan henkilökohtaisen hallintavallan alla. Se ei ole sattumanvaraista valtaa, vaan se on aina johdonmukaista Jumalan luonnon kanssa.

Tähän mennessä olemme nähneet, että vuorisaarnan alussa Jeesus ensin kuvailee, millainen luonne hänen seuraajillaan tulisi olla ja esittelee meille näin Jumalan valtakunnan asenteet. Tiedämme, että Jeesus on kiinnostuneempi asenteistamme kuin teoistamme, mutta että asenteidemme tulee myös johtaa tekoihin, jotka ovat johdonmukaisia Jeesuksen luonteen kanssa.

Havaitsimme lisäksi, että maailman ja Jumalan valtakunnan välillä on ristiriita, sekä näimme, että Jeesus käyttää kielikuvia "suola" ja "valo" kuvaamaan sitä tapaa, jolla meidän tulisi maailmassa toimia. Ennen kuin selvitämme yksityiskohtaisemmin, minkälaista elämä Jumalan hallintavallan alla on, tutustumme tarkemmin Matteuksen evankeliumin jakeisiin 5:17–48. Niissä selvitetään mitä eroa on sillä, että "Jumala hallitsee" verrattuna siihen, että "laki hallitsee" vertailemalla Jeesuksen sanoja ja Mooseksen lain vaatimuksia.

Vanhurskaus ja laki

Matteuksen evankeliumin jakeet 5:17–20 ovat kaiken perusta, jos haluamme ymmärtää opetuslasten suhdetta lakiin – niihin sääntöihin, jotka Mooses kirjasi muistiin Vanhassa testamentissa. Jotkut Raamatun opettajat käyttävät näitä raamatunjakeita perustellakseen, miksi nykypäivän uskovien tulisi pitää osa tai kaikki Mooseksen laista. Tämän vuoksi meidän täytyy tutkia huolellisesti, mitä Jeesus niissä oikeastaan sanoo.

Jumalan hallintavalta

- "Älkää luulko" – jae 17 osoittaa, että Jeesuksen sanoma on helppo ymmärtää väärin. Hänen ystävyytensä syntisten kanssa voi saada jotkut luulemaan, että hänellä oli löyhä moraali.

- Laki ja profeetat – jae 17 viittaa koko Vanhaan testamenttiin.

- "En minä ole tullut kumoamaan, vaan toteuttamaan" – jae 17 osoittaa, että Jeesus tuli henkilökohtaisesti toteuttamaan koko Vanhan testamentin täydellisesti. Kreikan sana verbille "toteuttaa" on *pleroo*, ja se tarkoittaa "täyttää kokonaan". Jokainen profetia osoittaa Jeesukseen, ja hän täyttää ne kaikki täydellisesti. Jokainen lain vaatimus osoittaa Jeesukseen, ja hän täyttää ne kaikki täydellisesti.

- "Ennen kuin kaikki on tapahtunut" – jae 18 viittaa siihen, että Jeesuksen elämä ja kuolema ovat lain ja profeettojen loppu. Niistä alkaa uusi aikakausi, jonka perustus kuitenkin löytyy laista ja profeetoista.

- "Ellei teidän vanhurskautenne ole paljoa suurempi kuin kirjanoppineiden ja fariseusten" (v. 1938 käännös) – jae 20 tekee selväksi, että Jeesus ei tullut keventämään lain vaatimuksia. Hänen seuraamisensa merkitsi niiden normien mukaan elämistä, jotka on ilmoitettu Jumalan Sanassa.

- Kun katsomme aihetta näitä jakeita laajemmin, löydämme monia vanhurskautta ja lakia koskevia periaatteita, jotka meidän täytyy ymmärtää, jotta kykenemme käsittämään ja omaksumaan kaiken muunkin, mitä Jeesus vuorisaarnassa opettaa.

- Jeesus ei niinkään välittänyt lain eri lisäysten ja sovellusten noudattamisesta, vaan painotti aina armahtavaisuutta ennen uhrimenoja – Matt. 9:9–13, 12:1–14 ja 15:1–20.

Vanhurskaus valtakunnassa

◆ Jeesukselle oli tärkeää noudattaa lakia ja täyttää se – 4:1–11, 5:17 ja 8:4.

◆ Kun Jeesus täytti lain, hän aloitti uuden aikakauden. Laki ja profeetat olivat Johannekseen asti ennustusta – Matt. 11:1–13. Kristillistä elämää hallitseva periaate ei ole lain käskyvalta. Vaikka kristillinen vanhurskaus ei olekaan yksinkertaista seurausta lain yksityiskohtien noudattamisesta, lain taustalla vaikuttavat periaatteet toteutuvat, ja jopa yli odotusten, epäsuorasti opetuslasten elämissä. Kristillinen vanhurskaus on lakia korkeampaa, sillä Jeesuksen hallintavalta on radikaalimpaa.

◆ Opetuslapseksi tulemiseen liittyy siirtyminen yhdestä valtakunnasta toiseen. Opetuslapset keskittyvät Jeesukseen, eivätkä lakiin. Lakia ei mainita yhdessäkään Johannes kastajan vaatimuksessa tai Jeesuksen kuvauksessa siitä, millaista Jumalan valtakunnan elämä on – Matt. 3:7–12, 5:3–16 ja 21–48. Loput vuorisaarnasta keskittyy siihen, kuinka "Jumalan silmien" alla eletään. Tuomio perustuu Jeesuksen sanoihin. Jeesus on opetuslasten ies. Läpi koko vuorisaarnan Jeesus puhuu suoraan opetuslapsilleen ja esittelee henkilökohtaiset vaatimuksensa heille ilman, että mainitsisi lakia.

◆ Kristillinen vanhurskaus – elämä Jeesuksen alaisuudessa, "Jumalan silmien" alla – on yksinkertaisempaa kuin laki, sillä Jumalan hallintavalta voidaan tiivistää yhteen yksinkertaiseen periaatteeseen – Matt. 22:34–40.

◆ Kristillinen vanhurskaus ei ole lain alaista, vaan se keskittyy persoonaan. Se on elävä suhde Jeesuksen kanssa. Matt. 28:18–20 osoittaa, että meidän tulee elää noudattaen hänen sanojaan – ei Vanhan testamentin lain vaatimuksia.

Matteuksen evankeliumin jakeet 5:21–48 havainnollistavat, kuinka valtava ero on elää Jeesuksen hallintavallan kuin

Jumalan hallintavalta

lain alla. Tässä osassa vuorisaarnaa Jeesus käsittelee kuutta jokapäiväisen elämän osa-aluetta ja kertoo, millaista opetuslasten elämän tulisi Jumalan hallintavallan alla olla. Jeesuksen opetus osoittaa, että vaikka hänen henkilökohtainen hallintavaltansa on korvannut Mooseksen lain, hän silti vaatii samankaltaista vanhurskautta, jota laissa kuvattiin.

Viha

Jokaisen kuuden osa-alueen kohdalla tarkastelemme, kuinka Jeesus käsittelee lakia sekä vertaamme lain vaatimuksia Jeesuksen hallintavallan periaatteisiin. Ensimmäinen osa-alue (5:21–26) käsittelee 1. Moos. 20:13 kohtaa, joka kielsi tappamisen.

Ensin Jeesus mainitsee käskyt, jotka "teille on opetettu", ja sitten hän haastaa ne paljastamalla oman hallintavaltansa sanoessaan "mutta minä sanon teille". Tämä vastakkainasettelu, jonka Jeesus toistaa kuusi kertaa, voidaan ymmärtää kolmella toisiaan täydentävällä tavalla:

- ◆ Opetuslapset ovat kuulleet epäsuorasti, mutta nyt Jeesus puhuu heille suoraan ja henkilökohtaisesti.

- ◆ Mooses oli kirjannut lain, mutta nyt Jeesus puhuu suuremmalla arvovallalla.

- ◆ Kirjanoppineet olivat tulkinneet lakia ja lisänneet siihen omaa inhimillistä traditiotaan, mutta nyt Jeesus johdatti heidät niiden periaatteiden äärelle, joille laki perustui.

Lain mukaan väärin tekemistä seurasi oikeuden tuomio. "Älä tapa. Se, joka tappaa, on ansainnut oikeuden tuomion." Tuomiolla viitataan niihin oikeustoimiin, jotka esitellään kohdissa 4. Moos. 35:12 ja 5. Moos. 17:8–13.

Mutta Jeesus sanookin: "Jokainen, joka on vihoissaan veljelleen, on ansainnut oikeuden tuomion. Samoin jokainen, joka sanoo veljelleen: "Senkin hölmö", on ansainnut Suuren neuvoston tuomion, ja se, joka sanoo: "Sinä hullu", on ansainnut helvetin tulen."

Vanhurskaus valtakunnassa

Jeesus menee vielä pidemmälle ja osoittaa, että sovinnon tekeminen on jopa tärkeämpää kuin Jumalan ylistäminen. Opetuslasten ei tule ainoastaan olla valmiita hyväksymään sovinnon ele, vaan heidän täytyy itse olla aloitteellisia sovinnon tekijöitä. Se on merkki siitä, että he ovat sekä nöyriä että rauhantekijöitä – eli sellaisia, joista Jeesus oli autuaaksijulistuksissa puhunut.

Kohdat Room. 12:17–18, Ef. 4:25–32, Hepr. 12:14 ja 1. Joh. 3:15 paljastavat, että alkuseurakunta sovelsi tätä osaa Jeesuksen hallintavallasta käytännön opetukseensa. Voimme havaita, että Jeesus laajentaa lakia neljällä erityisellä tavalla:

1. Hän tekee siitä radikaalimman
Jumalan valtakunnassa opetuslapsilta vaaditaan paljon enemmän kuin lain hallitessa. Emme saa tappaa, mutta Jeesus kieltää lisäksi vihaamisen ja vihanpidon.

2. Hän tekee siitä sisäistä
Jumalan valtakunta puuttuu – itse teon lisäksi – tappamiseen liittyviin sanoihin, muistoihin ja asenteisiin.

3. Hän kiristää tuomiota
Lain tuomiot luettiin yleensä pienemmissä neuvostoissa. Jeesus mainitsee Jerusalemissa kokoontuneen Suuren neuvoston sekä helvetin tuleen. Tämä osoittaa, että asiat täytyy ottaa vakavasti, ja että niillä on vaikutusta ikuisuuteen.

4. Hän muuttaa fokuksen
Valtakunnan hallintavalta perustuu täysin Jeesukseen itseensä. Uusien radikaalien vaatimusten valta ja perustus ovat täysin hänessä. Jeesus ei viittaa mihinkään toiseen arvovaltaan kuin itseensä. Kaikki perustuu hänen sanoihinsa: "Mutta minä sanon teille."

Vaikka ymmärrämme valtakunnan ja lain suuret eroavaisuudet, emme saa kuitenkaan unohtaa Jeesuksen sanoja, että hän ei tullut kumoamaan lakia. Hän ei anna lupaa

Jumalan hallintavalta

tappaa ketään! Hänen valtakuntansa normit ovat sen sijaan korkeammat kuin lain asettamat vanhat normit.

Seksuaalinen puhtaus
Toinen osa-alue (Matt. 5:27-30) käsittelee myös yhtä "kymmenestä käskystä" – 2. Moos. 20:14. Taas Jeesus aloittaa sanomalla "teille on opetettu", mutta asettaa sen sitten vastakkain oman valtansa kanssa sanoessaan "mutta minä sanon teille".

Jeesus esittää ensin lakiin perustuvan käskyn: "Älä tee aviorikosta." Tämän jälkeen hän paljastaa valtakunnan normin: "Jokainen, joka katsoo naista niin, että alkaa himoita häntä, on sydämessään jo tehnyt aviorikoksen hänen kanssaan." Tämän jälkeen Jeesus menee vielä pidemmälle ja sanoo, että meidän täytyy ottaa radikaaleja ja käytännöllisiä askelia välttääksemme seksuaalista syntiä niin ajatuksissamme kuin myös teoissamme. Kuten tavallista, Jeesus painottaa pikemminkin ajatuksiamme ja asenteitamme kuin tekojamme. Laki sanoo: "Älä tee sitä". Valtakunta sanoo: "Omista Jeesuksen ajatukset ja asenteet, niin silloin et tee sitä".

Kohdat 1. Kor. 6:13-20, 2. Kor. 6:14-7:1 ja 2. Tim. 2:22 havainnollistavat, kuinka alkuseurakunta sovelsi tätä valtakunnan periaatetta. Näemme, että Jeesus laajentaa lakia samoilla erityisillä tavoilla kuin edellisessä tappamista käsittelevässä osiossakin:

1. Hän tekee siitä radikaalimman
Opetuslapsilta vaaditaan nyt enemmän. Meidän ei tule vain olla tekemättä aviorikosta, vaan myös pitää ajatuksemme puhtaina himosta.

2. Hän tekee siitä sisäistä
Jumalan hallintavalta liittyy ajatuksiin ja asenteisiin muita ihmisiä kohtaan – sen lisäksi, että se liittyy itse aviorikoksen tekemiseen.

Vanhurskaus valtakunnassa

3. Hän kiristää tuomiota
Tuomiona on helvetti – mikä osoittaa jälleen, että kyseessä on ikuisuuteen vaikuttava asia: ikuinen valtakunta, palkka ikuisuudessa sekä tuomio ja kadotus ikuisuudessa.

4. Hän muuttaa fokuksen
Valtakunnan hallintavalta perustuu jälleen kerran täysin Jeesukseen itseensä. Uuden radikaalin vaatimuksen ainoa valta ja perustus on hänessä. Jeesus ei tässäkään viittaa mihinkään toiseen arvovaltaan kuin itseensä. Hän ei oikeuta periaatettaan lainaamalla ketään toista. Hän puhuu vain omasta puolestaan opettaessaan opetuslapsiaan.

Painotan taas kerran, ettei Jeesus kiellä tai kumoa lakia. Hän ei anna meille lupaa tehdä aviorikosta! Valtakunnan normit ovat paljon korkeammat kuin vanhat lain normit – ne ylittävät monin verroin ne vaatimukset, joita kirjanoppineet ja fariseukset opettivat.

Avioliitto
Kolmas osa-alue (Matt. 5:31–32) asettaa vastakkain lain esittelemän oikeutuksen avioeroon – 5. Moos. 24:1 – ja Jeesuksen näkemyksen avioliitosta. Tässäkin Jeesus esittelee lain vaatimuksen sanomalla "on myös opetettu", mutta kumoaa sen sanomalla "mutta minä sanon teille".

Jeesus kertoo lain kannan, mutta muuttaa sitä ja poistaa oikeutuksen avioeroon, jonka se oli antanut. Hän ei salli avioeroa siitä tai tästä syystä, vaan painottaa pikemminkin avioliiton pysyvyyttä. Valtakunnassa seksuaalinen synti on ainoa peruste, joka Jeesuksen mukaan oikeuttaa avioeroon.

Tällä osa-alueella Jeesuksen asenne lakia kohtaan eroaa siitä, mitä näimme kahdella ensimmäisellä osa-alueella, sillä nyt hän itse asiassa muuttaa laissa esitetyt säännöt. Vaikuttaa siltä, että Jeesus pitää Vanhan testamentin sääntöjä riittämättöminä sellaiselle opetuslapselle, joka elää Jeesuksen henkilökohtaisen hallintavallan alla.

Jumalan hallintavalta

Jeesus ei kuitenkaan kumoa lakia tekemällä synnin tekemisen helpommaksi tai asettamalla matalammat normit. Tässäkin, puhtaasti henkilökohtaiseen arvovaltaansa vedoten, Jeesus määrittelee uudet ja korkeammat normit. Hän selventää ja tarkentaa tätä vielä kohdassa Matt. 19:1–10.

Totuudellisuus

Neljäs osa-alue (Matt. 5:33–37) kuvaa, kuinka Jeesus varta vasten muuttaa lakia toiseltakin osin – nimittäin vannomiseen liittyvien käskyjen osalta, jotka löytyvät kohdissa 3. Moos. 19:12, 4. Moos. 30:2–16 ja 5. Moos. 23:22–24.

Taas kerran Jeesus esittelee lain vaatimukset sanomalla "vielä teille on opetettu", mutta asettaa ne vastakkain sanoillaan "mutta minä sanon teille". Lain vaatimus kuuluu: "Älä tee väärää valaa ja pidä, mitä olet Herralle valalla vannonut." Jeesus muutti tätä ohjeistamalla opetuslapsiaan olemaan vannomatta lainkaan missään tilanteessa.

Laki vaatii valoja. Jeesus ei ainoastaan kiellä vääriä valoja tai rajaa vannomista koskemaan harvoja tärkeitä tapauksia, vaan kehottaa seuraajiaan puhumaan kaikissa tilanteissa yksinkertaisesti ja suoraan. Jeesuksen mukaan "enempi on pahasta".

Tässäkin näemme, että Jeesuksen vaatimukset ovat radikaalimpia kuin lain vaatimukset. Niitä sovelletaan laajemmin, ne perustuvat hänen henkilökohtaiselle arvovallalleen ja kaikki, mikä on vastakkaista hänen elämäntapansa kanssa, on vihollisesta. Meidän on tärkeä ymmärtää, että Jeesus opettaa, ettei rehellisten opetuslasten tarvitse vannoa – hän ei kiellä heitä tekemästä valaa silloin, kun sitä heiltä vaaditaan. Jeesus itsekään ei kieltäytynyt puhumasta, kun joutui valalle (Matt. 26:63–64).

Jaakobin kirjeen jae 5:12 osoittaa, että myös alkuseurakunta opetti opetuslapsia elämään Jeesuksen opetuksen mukaan eikä juutalaisen lain vaatimusten mukaan. Meidän ei tule rajata Jeesuksen opetusta koskemaan ainoastaan valoja ja vannomista. Kun hän sanoo, että opetuslasten tulee

Vanhurskaus valtakunnassa

puhua yksinkertaisesti ja rehellisesti, hän tarkoittaa myös liioittelemisen ja vähättelemiseen hylkäämistä.

Oikeudet

Viidennellä osa-alueella (Matt. 5:38–42) Jeesus jatkaa lain muokkaamista. Tällä kertaa hän ottaa puheeksi oikeudet, jotka löytyvät kohdista 2. Moos. 21:24, 5. Moos. 19:15–21 ja 3. Moos. 24:20.

Kuten muillakin vuorisaarnassa esiintyvillä kuudella osa-alueella, Jeesus esittelee lain vaatimukset sanomalla "teille on opetettu" ja vastaa niihin sanomalla "mutta minä sanon teille". Ensin Jeesus esittää yhteenvedon laista: "Silmä silmästä, hammas hampaasta." Sitten hän selittää, että valtakunnan tapa ei ole antaa samalla mitalla takaisin tai kostaa niille, jotka ovat tehneet väärin meitä kohtaan. Opetuslasten ei tule itsekkäästi pitää kiinni oikeuksistaan, vaan pikemminkin olla anteliaita ja armahtavaisia kaikessa kanssakäymisessään muiden kanssa.

Jakeiden 39–42 ajatukset ovat radikaaleimpia Jeesuksen opetuksia – lähes mikään ei ole niin päinvastaista modernin maailman ja juutalaisen lain asenteiden ja ajattelun kanssa kuin nämä periaatteet. Roomalaiskirjeen kohdassa 12:17–21 näemme, että alkuseurakunta opetti näitä Jeesuksen sanoja lain sijaan.

Rakkaus

Viimeinen näistä kuudesta vastakkainasettelusta Jeesuksen vanhurskaan tavan ja lain määrittelemän tavan välillä käsittelee rakkautta (Matt. 5:43–47). Se on Jeesuksen viimeinen "teille on opetettu, mutta minä sanon teille"-opetus.

Jeesus viittaa kohtaan 3. Moos. 19:18, mutta hänen lainauksensa jälkimmäinen osa ei ole laista. Laki puolsi vain valikoivaa rakkautta, mutta siinä ei puhuttu vihaamisesta. Voidaankin olettaa, että Jeesus viittaa aikansa perinteeseen, jonka kirjanoppineet olivat lisänneet lakiin. Tästäkin huolimatta Jeesus asettaa Mooseksen lakia korkeamman normin kehottaessaan opetuslapsiaan rakastamaan kaikkia –

Jumalan hallintavalta

jopa vihamiehiään. Se on paljon enemmän kuin mitä laki vaati. Näissä jakeissa – kuten myös kohdissa Luuk. 6:27–36 ja 10:25–27 – Jeesus sanoo, että meidän tulee rakastaa vihamiehiämme, siunata niitä, jotka kiroavat meitä, tehdä hyvää niille, jota vihaavat meitä ja rukoilla vainoojiemme puolesta. Näin me olemme Isämme lapsia. Emme käyttäydy näin, jotta meistä tulisi Jumalan lapsia, vaan koska jaamme Jumalan asenteet – ja tämä on se tapa, jolla hän suhtautuu vihamiehiinsä sekä niihin, jotka vihaavat ja vainoavat häntä.

Lopuksi (Matt. 5:48) Jeesus kertoo, mitä hän odottaa kaikilta valtakuntansa perillisiltä. Meidän tulee olla täydellisiä, niin kuin Isämme on täydellinen. Meidän tulee olla luonteeltamme vanhurskaita ja oikeamielisiä – niin kuin kuninkaan pojille ja tyttärille on sopivaa.

Läpi tämän vuorisaarnan kohdan (Matt. 5:21–48) olemme nähneet, millä tavoin Jeesus epäsuorasti väittää, että hänellä on henkilökohtainen oikeus ja arvovalta muuttaa lakia. Esimerkiksi:

- Joissain kohdin Jeesus kiristää lakia
- Toisissa kohdin hän muuttaa lakia
- Hän osoittaa, että hänen arvovaltansa yltää lain yli
- Hän lisää sisäisen ulottuvuuden lakiin.

Jeesuksen mukaan täydellinen kaikenkattava rakkaus on hänen valtakuntansa vaatimusten huipentuma – ja se sopii täysin yhteen lain olemuksen kanssa. Näemme tämän selvästi kohdissa Matt. 7:12 ja 22:34–40 sekä Luuk. 10:27–28. Kaikki Jeesuksen opetus vuorisaarnan seuraavissa osissa havainnollistaa tätä kaikenkattavaa rakkautta, joka on ominaista niille, joita hän hallitsee ja jotka ovat täynnä hänen asenteitaan.

Osa 6

Hengellinen elämä valtakunnassa

Olemme tutkineet vuorisaarnaa ja havainneet, että ensin Jeesus kuvaili niitä asenteita, joita hän odottaa hallintavaltansa alla elävillä opetuslapsilla olevan (Matt. 5:3-12). Sen jälkeen selvitimme, kuinka maailma suhtautuu valtakuntaan, ja kuinka Jeesus odottaa opetuslastensa suhtautuvan maailmaan (5:13-16). Seuraavaksi tutkimme valtakunnan suhdetta lakiin (5:17-48). Nämä kolme osaa tiivistyivät normiin, jonka Jeesus asetti opetuslapsilleen: "Olkaa siis täydellisiä, niin kuin teidän taivaallinen Isänne on täydellinen."

Tätä seuraa uusi osio, jossa Jeesus piirtää kuvan opetuslapsista, jotka elävät maailmassa "Jumalan silmien alla" – täysin kuuliaisina Jumalalle ja riippuvaisina hänestä. Matteuksen evankeliumin luvussa 5 Jeesus hahmotteli opetuslasten ominaispiirteet, kuvaili, kuinka heidän tulisi toimia yhteiskunnassa ja osoitti ne normit, joiden mukaan heidän tulisi elää.

Nyt luvussa 6 Jeesus kuvaa niitä opetuslapsia, jotka elävät tuota valtakunnan elämää maailman keskellä. Hän painottaa toistuvasti, että elämme maailmassa kaikkinäkevän Jumalan läsnäolossa. Luvun 6 hallitseva teema on Jumalan hallintavallan alla tässä maailmassa elävien opetuslasten suhde Isäänsä. Siinä käsitellään kahta elämämme osa-aluetta. Ensin jakeissa 1-18 käsitellään hengellistä elämäämme ja sitten jakeissa 19-34 keskitytään tavalliseen "jokapäiväiseen" elämäämme. Valtakunta ei liity vain yhteen tai kahteen elämämme osa-alueeseen – Jumala haluaa hallita jokaisella elämämme osa-alueella.

Jumalan hallintavalta

Valtakunnan hengellisyyden periaatteita

Valtakunnassa eläminen tarkoittaa sitä, että elämämme on jatkuvasti avointa ja paljastettua kuninkaan edessä. Kun elämme Jumalan läsnäolossa, emme voi salata häneltä asioita, ja meidän tulee olla aitoja suhteessamme häneen. Vuorisaarna opettaa, että kaikki mitä teemme ja ajattelemme, kaikki sydämemme motivaatio, on avointa Jumalan Hengelle, jossa elämme. Myöhemmin tulemme näkemään, kuinka tämä antaa meille toivoa täysin uudeksi tehdystä elämästä, jota voimme elää Jumalan avulla ja hänen mahdollistamanaan.

Matteuksen evankeliumin jae 6:1 esittelee, mitä Jeesus opettaa hengellisestä elämästä ja selventää ne perusperiaatteet, jotka hallitsevan valtakunnan elämän hengellistä puolta: "Kavahtakaa, ettette harjoita vanhurskauttanne ihmisten nähden, että he teitä katselisivat; muutoin ette saa palkkaa Isältänne, joka on taivaissa" (v. 1938 käännös).

Jumalallinen tasapaino

Ensi näkemältä tämä jae vaikuttaisi olevan ristiriidassa Jeesuksen jakeessa 5:16 esiintyvän ohjeen kanssa. Siinä hän sanoo, että valomme – hyvien tekojemme – tulisi loistaa ihmisille. Tässä Jeesus kuitenkin sanoo, ettei meidän tulisi harjoittaa vanhurskauttamme ihmisten nähden. Mutta kuinka ihmiset voivat nähdä valomme, jos kaikki täytyy tehdä salassa, lukittujen ovien takana?

Ensimmäisessä kohdassa Jeesus ilmaisee, että valomme tulisi loistaa ihmisille, jotta he "ylistäisivät Isäänne, joka on taivaissa". Toisessa kohdassa hän toteaa, ettei meidän tulisi harjoittaa vanhurskauttamme ihmisten nähden "että he teitä katselisivat". Nämä jakeet eivät ole ristiriidassa, vaan niissä on kuvattu saman asian eri puolia. Opetuslapset on kutsuttu elämään sellaista elämää, jonka nähdessään ihmiset näkevät Jumalan ja ylistävät häntä. Meidän ei tule millään tavoin vetää huomiota itseemme. Meidän ei tule haluta herättää huomiota – vaan meille tulisi pikemminkin olla luonteenomaista Pyhän Hengen vaatimaton nöyryys.

Hengellinen elämä valtakunnassa

Me kaikki kohtaamme kahdenlaista vastakkaista kiusausta: joko kiusausta herättää huomiota tai kiusausta eristäytyä. Jotkut kristityt tekevät aivan liian suuren numeron kaikista tekemisistään, kun taas toiset jännittävät niin paljon itseään, että piiloutuvat maailmalta. Meillä täytyy olla jumalallinen tasapaino näiden kahden välillä.

Jos lähestymme näitä Jeesuksen opetuksia "jälleen uusina sääntöinä" Jumalalta, menemme varmasti vikaan. Mutta jos ymmärrämme sen periaatteen, jota Jeesus yrittää tuoda ilmi – ja elämme hänen henkilökohtaisen hallintavaltansa alla – kykenemme välttämään tekopyhyyden. Jollain ihmeellisellä tavalla meidän tulee vetää huomiota itseemme sellaisella tavalla, joka saa ihmiset ylistämään Jumalaa, mutta samalla olla vetämättä mitään sellaista huomiota itseemme, joka saa ihmiset katsomaan meihin.

Jumalan miellyttäminen

Jae 1 vaikuttaa pinnallisesti katsottuna puhuvan valinnasta miellyttää ihmisiä tai miellyttää Jumalaa. Yleensä kuitenkin kun haluamme miellyttää muita, teemme sen todellisuudessa miellyttääksemme itseämme. Haluamme miellyttää muita ja tehdä heihin vaikutuksen, jotta he arvostaisivat meitä enemmän!

Tämä voi tarkoittaa sitä, että jumalalliselta vaikuttavan teon motiivina saattaakin olla itsekeskeisyys, mikä tekee siitä syntiä. Ihmiset haluavat luonnostaan enemmän ylistystä ja kiitosta ihmisiltä kuin Jumalalta. Jeesus kuitenkin sanoo, että hänen opetuslastensa tulisi toimia niin, että heidän ainoa tavoitteensa on miellyttää Jumalaa.

Jumala näkee kaiken

Elämämme päätavoitteen tulisi olla miellyttää Jumalaa, miellyttää vain ja ainoastaan Jumalaa ja miellyttää häntä kaikessa. Jos se on tavoitteemme, alamme todella elää Jumalan hallintavallan alla.

Jumalan hallintavalta

Seuraamme Jeesusta, joka eli tarkalleen näin. Hän eli täysin Jumalalle. Jeesuksen teot ja sanat olivat hänen Isänsä tekoja ja sanoja. Hän ei koskaan laittanut etusijalle omia tarpeitaan tai omaa tahtoaan. Kohdat Mark. 7:24,31–37 ja 8:22–26 osoittavat, että Jeesus ei pyrkinyt herättämään huomiota. Hän ei välittänyt siitä, mitä ihmiset hänestä ajattelivat, sillä hän eli ainoastaan Jumalan kunniaksi. Jos tärkein prioriteettimme on elää ja palvella ainoastaan Jumalaa, elää hänen hallintavaltansa alla – emmekä ole liian huolissaan siitä, mitä muut ihmiset ajattelevat –, huomaamme, että meidän on helpompi elää Jeesuksen Matt. 6:1 -periaatteen mukaan.

Tästä seuraa, että "Jumalan hallintavallan" alla elävät opetuslapset ovat myös "Jumalan silmien" alla. Hän näkee kaikki ajatuksemme ja tekomme. Emme voi ajatella tai tehdä mitään, mitä hän ei huomaisi. Emme voi paeta minnekään hänen katseeltaan. Olemme aina hänen läsnäolossaan. Hän on aina "Jumala meidän keskellämme". Elämämme kokee valtavan mullistuksen, kun todella ymmärrämme tämän ihmeellisen – ja verrattain pelottavankin – totuuden.

Siinä kuvassa, jonka annamme itsestämme muille ihmisille, on paljon teeskentelyä ja huijausta, mutta Jumala näkee ja tietää kaiken. Kaikki, mitä vuorisaarnan tässä osiossa sanotaan, perustuu tälle periaatteelle. Uudestaan ja uudestaan Jeesus muistuttaa meitä siitä, että Jumalamme on Isä, "joka näkee myös sen, mikä on salassa".

Pyhät palkat
Jos teemme oikeita asioita oikeista syistä, Jumala tulee palkitsemaan meidät. Olemme todenneet tämän valtakunnan perusperiaatteen jo useampaan kertaan edellä. Kun miellytämme Jumalaa, hän lupaa palkita meidät. Kun emme miellytä häntä, hän sanoo rankaisevansa meitä jollain tavalla.

Heprealaiskirjeen jae 12:2 kertoo, että edessään olleen ilon tähden Jeesus kesti häpeästä välittämättä ristillä kärsimykset. Jakeissa 11:23–26 taas näemme, että Moosesta motivoi palkinto, joka häntä odotti.

Hengellinen elämä valtakunnassa

Uusi testamentti opettaa niin paljon erilaisista palkkioista, joita Jumala jakaa opetuslapsille, että meidän ei tulisi hävetä sitä, että etsimme ja tavoittelemme niitä. Toisen korinttolaiskirjeen kohta 5:9-10 on äärimmäisen tärkeä lukea, kun on kyse tästä aiheesta.

Meidän täytyy ymmärtää Jeesuksen painotus, että Jumala ei palkitse niitä, jotka ovat tavoitelleet palkkiota ihmisiltä. Tämä on perustavanlaatuinen toteamus, johon ei sisälly ehtoja. Jos olemme huolissamme siitä, mitä ihmiset ajattelevat ylistyksestämme, emme saa Jumalalta mitään. Jos toivomme saavamme arvostusta ihmisiltä hyvistä teoistamme, emme saa Jumalalta mitään. Jos etsimme minkäänlaista arvonantoa, palkkiota, kiitosta tai kehua ihmisiltä, emme tule saamaan se lisäksi mitään muuta.

Jakeessa Matt. 6:1 Jeesus esitteli valtakunnassa vaikuttavan perusperiaatteen. Tämän jälkeen hän soveltaa tätä periaatetta kolmeen hengellisen elämämme osa-alueeseen: antamiseen, rukoukseen ja paastoon. Jokaisella näistä osa-alueista hän esittelee oikean ja väärän tavan ylistää Jumalaa.

- Meidän ei tule ylistää kuin tekopyhät, jotka vain pyrkivät vetämään ihmisten huomion itseensä.

- Meitä ei palkita, jos ylistämme kuin tekopyhät.

- Meidän tulee ylistää hienovaraisesti, herättämättä minkäänlaista huomiota.

- Meidän tulee ylistäessämme muistaa, että Jumala tarkkailee meitä.

- Jumala palkitsee meidät, jos ylistämme hänen tarkoittamallaan tavallaan.

Antaminen Jumalan tarkoittamalla tavalla

Antaminen on Jeesuksen ensimmäinen esimerkki hengellisyydestä Jumalan valtakunnassa. Matteuksen evankeliumin jakeissa 6:2-4 Jeesus osoittaa opetuslapsilleen, että heidän tulee olla aitoja antamisessaan. Hän käyttää kreikan

Jumalan hallintavalta

sanaa *eleemosune*, joka tarkoittaa "laupeuden teko". Jeesus ei vain puhu rahan antamisesta, vaan ihmisten auttamisesta kaikilla mahdollisilla tavoilla. Tähän sisältyy niin rahan, ajan kuin huomion antaminen sekä kaikenlaisten hyvien tekojen tekeminen.

Älä toitota siitä muille
Väärä tapa antaa on toitottaa siitä muille ihmisille. Jeesus kuvaa tätä hilpeyttä herättävällä kielikuvalla ihmisistä, jotka ovat pyytäneet torvensoittajan kulkemaan edellään, jotta kaikki kuulisivat, mitä he ovat tehneet (vrt. v. 1938 käännös).

Tietenkin vain hyvin harvat ihmiset toimivat näin räikeällä tavalla. Useimmat meistä ovat paljon hienovaraisempia siinä, kuinka kertovat ihmisille hyvistä teoistaan. Mutta esimerkiksi kiitos- ja rukousaiheiden jakaminen voi olla meille nykypäivän tapa soitattaa torvea! Jeesuksen valtakunnan yksinkertainen sääntö on, että antamisesta ei tule toitottaa muille. Jos kuitenkin teemme niin, emme tule koskaan saamaan Jumalalta palkkaa antamisestamme.

Älä toitota siitä itsellesi
Jeesuksen tarkoittama oikea tapa antaa sisältää toisenkin kiellon: "Älköön vasen kätesi tietäkö mitä oikea tekee, jotta hyvä tekosi pysyisi salassa." Tämä osoittaa, ettei meidän tule toitottaa siitä edes itsellemme. Se tarkoittaa sitä, ettei meidän tule merkitä ylös tekojamme, tallentaa niitä muistiimme, eikä pitää minkäänlaista sisäistä kirjaa siitä, mitä olemme tehneet muiden ihmisten ja Jumalan hyväksi.

Meidän tulee yksinkertaisesti vain tehdä ja mennä Jumalan johdatuksen mukaan – ja sitten unohtaa. Meillä tulee olla niin paljon rakkautta Jumalaa ja muita ihmisiä kohtaan, ettei meillä ole aikaa ajatella itseämme. Näin osoitamme käytännöllisellä tavalla sitä, että olemme hengessämme köyhiä, nöyriä ja kuolleita itsellemme. Ihmeellinen totuus on kuitenkin se, että Isämme, joka näkee kaiken, mikä tehdään salassa, huomaa, muistaa – ja palkitsee meidät.

Hengellinen elämä valtakunnassa

Rukoileminen Jumalan tarkoittamalla tavalla
Jeesuksen toinen esimerkki valtakunnan hengellisyydestä on rukous. Matteuksen evankeliumin jakeissa 6:5–15 hän osoittaa opetuslapsilleen, kuinka heidän tulee olla aitoja rukouksissaan. Jeesus käyttää sanaa proseuchomai, joka on yleisin kreikan sana rukoilemiselle, osoittaakseen, että hän tarkoittaa rukousta sen laajimmassa mahdollisessa merkityksessä.

Älä pyri pätemään rukouksillasi
Taas Jeesus osoittaa oikean ja väärän tavan ylistää Jumalaa. Väärä tapa rukoilla kiinnittää huomion rukoilijaan sen sijaan, että huomio kiinnittyisi häneen, jota rukoillaan.

Jeesus kuvailee tässä ihmisiä, jotka rukoilevat sellaisella tavalla, joka tekee heidät tunnetuiksi rukouksen ihmisinä. Kuten totesimme antamisen yhteydessä, jotkut ihmiset toimivat ilmiselvällä tavalla, mutta suurin osa meistä toimii hienovaraisemmin. Liian monet opetuslapset puhuvat ja toimivat tavoilla, jotka saavat muut ihmiset olemaan vaikuttuneita heistä heidän rukouselämänsä vuoksi.

Jeesus ei sano, että tällainen tapa tekisi rukouksistamme tehottomia. Hän ei myöskään sano, etteikö Jumala kuulisi ja vastaisi tällaisiin rukouksiin. Hän vain toteaa, että ihmisten kiitos ja hyväksyntä ovat ainoa palkka, jonka tulemme niistä saamaan. Meiltä jää saamatta palkka taivaassa.

Älä rukoile tietyn kaavan mukaan
Jeesus myös ohjeistaa meitä "hokemasta tyhjää" kun rukoilemme. Tämä ei vain viittaa niihin, jotka lausuvat samaa rukousta uudestaan ja uudestaan ja uudestaan. Monilla meistä on rukouksissamme tietty kaava, jota sitten seuraamme tiukasti. Tämä voi saada meidät unohtamaan mitä ja miksi oikeastaan rukoilemme.

Rukous on yhteyttä Jumalan kanssa. Se on vuoropuhelua Isän kanssa. Jos kiinnitämme liikaa huomiota siihen, missä muodossa käytämme sanoja, saatamme menettää aidossa rukouksessa spontaanisti syntyvän läheisen suhteen. Tämä

Jumalan hallintavalta

on tietysti vaarana tarkkojen liturgisten rukousten kanssa, mutta se saattaa olla vaarana myös valmistelemattomien rukousten kanssa, sillä silloinkin ihminen saattaa helposti ajautua tottuneisiin tapoihinsa, jolloin hän ei huomaa Hengen johdatusta.

Jumala ei halua meidän mittaavan rukoustamme sen mukaan, kuinka paljon aikaa tai millaisia sanamuotoja siihen käytämme. Jos arvostamme tietynlaista rukousta, tiettyjä sanamuotoja, tiettyä rukoustapaa tai rukoukseen käytettyä aikaa – menetämme taivaallisen palkkamme. Mutta jos rukoilemme Jumalan tarkoittamalla hienovaraisella tavalla, rukouksiimme ei ainoastaan vastata, vaan Isä tulee myös palkitsemaan meidät kaikkien edessä.

Keskity lähestymään Jumalaa

Jeesuksen tarkoittama oikea tapa ylistää Jumalaa rukousten kautta alkaa sen ymmärtämisestä, että rukouksessa me lähestymme Jumalaa. Kun tämä ajatus on päällimmäisenä mielessämme, kaikki muukin loksahtaa paikoilleen.

Jakeessa 6 Jeesus osoittaa, että keskitymme Jumalaan sulkemalla kaiken muun pois. Se ei tarkoita sitä, että meidän tulee kirjaimellisesti mennä huoneeseemme ja sulkea ovi – vaan se kuvastaa sitä, että meidän tulee sulkea pois mielestämme ajatukset muista ihmisistä ja itsestämme, jotta voisimme keskittyä täysin yhteyteemme Jumalan kanssa. Kun keskitymme Jumalaan, tiedämme, että voimme lähestyä häntä luottavaisesti ja julistaa kaikkia Raamatun lupauksia rukouksesta. Hengen miekka -kirjasarjan osa "Toimiva rukous" kertoo kattavasti, mitä Raamatussa sanotaan Jumalan lähestymisestä rukouksessa sekä esittelee rukouksen eri muotoja.

Seuraa Jeesuksen mallia

Jakeissa 9–13 Jeesus antaa kaikille rukouksille sopivan rungon, eikä niinkään tiettyä rukousta, jota tulisi toistaa uudestaan ja uudestaan. Hän on juuri edellisissä jakeissa kieltänyt meitä

Hengellinen elämä valtakunnassa

hokemasta tyhjää, joten onkin varsin erikoista, että jotkut uskovat tekevät juuri näin tämän rukouksen kanssa!

Jeesus ei halua meidän rukoilevan jakeissa 5-7 kuvatulla tekopyhällä tavalla. Hän ei halua meidän rukoilevan vain siksi, että tekisimme vaikutuksen muihin ihmisiin. Hän ei halua meidän rukoilevan äärettömän pitkiä julkisia rukouksia. Hän myös muistuttaa, että Jumala tietää jo kaikki tarpeemme, eikä hänelle tarvitse sen vuoksi selittää perin juurin kaikkia olosuhteitamme.

Sen sijaan Jeesus käskee meitä rukoilemaan "näin". Herran rukous on hänen esimerkkinsä rukouksesta. Hän sanoo "rukoilkaa te siis näin" ja antaa meille "rukouksen rungon", jota voimme laajentaa. Kun rukoilemme, täydennämme sitä omaan tilanteeseemme sopivilla yksityiskohdilla.

◆ *Isä meidän*

Herran rukous on sekä henkilökohtainen että yhteisöllinen. Se on henkilökohtainen rukous, jota voidaan rukoilla yksityisesti – mutta samalla siinä käytetään toistuvasti muotoja "me" ja "meidän". Tämä antaa olettaa, että meidän tulee aina olla yhteydessä keskenämme kun rukoilemme.

Tämä ilmaus opettaa, että meidän tulee rukoillessamme muistuttaa itseämme sekä suhteestamme Jumalaan, joka tulee uskosta Kristukseen, että yhteydestämme muihin uskoviin. Rukouksessa meidän tulee kertoa Jumalalle, mitä hänen isyytensä meille merkitsee – ja kiittää häntä siitä.

◆ *Joka olet taivaissa*

Taivas on Jumalan asumus. Rukouksiamme tulee ohjata ymmärrys siitä, että Jumala on kuningas ja kaikki on hänen hallinnassaan. Voimme pyytää, että hän auttaisi meitä tulemaan tietoisemmiksi hänen suuruudestaan ja läsnäolostaan.

Jumalan hallintavalta

◆ *Pyhitetty olkoon sinun nimesi*

Nämä sanat muistuttavat meitä rukoilemaan kuten Jeesus rukoili Johanneksen evankeliumin luvussa 17. Meidän tulee rukoilla, että Jumalan kirkkaus ja hänen nimensä pyhyys tulisivat tunnetuiksi ja tunnustetuiksi erityisillä tavoilla. Jumala on hyvä Isä, joka iloitsee saadessaan antaa meille hyviä asioita, ja joka paljastaa eri puolia luonteesta eri nimiensä kautta.

Meidän kannattaa rukoillessamme puhutella Jumalaa sillä nimellä, joka sopii parhaiten senhetkiseen rukoukseen. Voimme esimerkiksi kutsua häntä Parantajaksi, Auttajaksi, Vapauttajaksi, Opastajaksi, Luojaksi, Pelastajaksi, Paimeneksi ja niin edelleen.

◆ *Tulkoon sinun valtakuntasi*

Tämä muistuttaa meitä rukoilemaan, että Jumala vahvistaisi hallintavaltaansa ja lisäisi vaikutusvaltaansa, kun ihmiset polvistuvat Jeesuksen edessä ja antautuvat yhä enemmän Kristuksen hallintavaltaan. Kun pyydämme Jumalan valtakunnan tulemista, pyydämme Jumalaa hallitsemaan ja toimimaan oman tahtonsa mukaan niissä tilanteissa ja niiden ihmisten kohdalla, joiden puolesta rukoilemme.

◆ *Tapahtukoon sinun tahtosi, myös maan päällä niin kuin taivaassa*

Jumalan valtakunnan tuleminen tarkoittaa sitä, että taivaan olosuhteet paljastetaan maan päällä. Tämä ei tietenkään toteudu täysin ennen kuin valtakunta tulee lopullisessa muodossaan, mutta sillä välin meidän tulee rukoilla, että Jumalan ilmoittama tahto toteutuisi niissä erityisissä tilanteissa maan päällä, jotka koskettavat meitä.

Hengellinen elämä valtakunnassa

Voimme kiittää Jumalaa siitä, että hän haluaa tahtonsa tapahtuvan maan päällä ja luottaa siihen, että se tapahtuu, kun rukoilemme.

◆ *Anna meille tänä päivänä jokapäiväinen leipämme*

Tämä osoittaa, että meidän tulee rukoilla päivittäisten fyysisten tarpeidemme puolesta. Jumalan tahto on, että kaikki hänen lapsensa saisivat sen, mitä tarvitsevat, mutta meidän täytyy itsekin tehdä voitavamme toimeentulomme turvaamiseksi.

Meidän tulee rukoilla erityisesti niiden tarpeiden puolesta, joita emme itse pysty täyttämään. Koemme totuuden Jumalan huolenpidosta vain yhdistäessämme rukouksen ja toiminnan.

◆ *Ja anna meille velkamme anteeksi*

Meidän tulee rukoilla hengellistä anteeksiantoa taivaalliselta Isältämme sekä talousasioiden puolesta, että armottomat ja epäoikeudenmukaiset velkojat armahtaisivat meitä. Lunastettuina uskovina meillä on jo anteeksianto lain edessä, mutta tarvitsemme päivittäistä puhdistautumista, jotta voisimme säilyttää henkilökohtaisen suhteen Jumalan kanssa.

Kuten jokapäiväinen leipä, myös velkojen anteeksianto saadaan yhdistämällä rukous ja toiminta. Meidän tulee joko rukoilla, että Jumala täyttäisi tarpeet, joita emme itse kykene täyttämään, tai sitten että Jumala antaisi meille kyvyn itse täyttää tarpeemme niillä voimavaroilla, jotka hän on meille antanut.

◆ *Niin kuin mekin annamme anteeksi niille, jotka ovat meille velassa*

Jeesus tekee selväksi, että taivaallinen Isämme evää meiltä isällisen anteeksiantonsa, jos me kieltäydymme antamasta anteeksi muille.

111

Jumalan hallintavalta

◆ *Äläkä saata meitä kiusaukseen*

Nämä sanat osoittavat, että meidän tulee pyytää, että Jumala varjelisi meidät lankeamasta syntiin ja auttaisi meitä selviämään koetuksista, joita kohtaamme elämässämme.

◆ *Vaan päästä meidät pahasta*

Suomalaisissa raamatunkäännöksissä puhutaan "pahasta", mutta alkutekstissä tässä tarkoitettiin henkilöitynyttä "Pahaa".

Me kaikki olemme mukana hengellisessä taistelussa, ja meidän kaikkien tulee rukoilla, että Jumala pelastaisi meidät vihollisen hyökkäyksiltä.

◆ *Sillä sinun on valtakunta ja voima ja kunnia iankaikkisesti. Amen.*

Jeesuksen mallirukous päättyy kohdasta 1. Aik. 29:11–12 lainattuihin sanoihin, jotka ovat täynnä ylistystä ja voitonriemua. Voimme päättää rukouksemme kiittämällä Jumalaa hänen voimastaan sekä hänen voitostaan niiden tilanteiden kohdalla, joiden puolesta rukoilimme.

Paasto Jumalan tarkoittamalla tavalla

Jeesuksen kolmas esimerkki valtakunnan hengellisyydestä on paasto. Matteuksen evankeliumin jakeissa 6:16–18 hän osoittaa opetuslapsilleen, kuinka heidän tulisi olla aitoja paastossaan. Ensimmäisessä esimerkissään Jeesus käsitteli sitä, kuinka meidän tulee tehdä hyvää ihmisille. Toisessa hän keskittyi yhteyteemme Jumalan kanssa. Nämä jakeet puolestaan liittyvät itsekuriin, jota harjoitamme hengellisessä elämässämme. Vaikka Jeesuksen sanat koskevatkin erityisesti paastoa – sitä, että ihminen on ilman ruokaa vahvistaakseen rukouksiaan –, niiden voidaan katsoa koskevan myös yleisemmällä tasolla sitä, kuinka kohtelemme itseämme.

Vanhan testamentin aikaan laki määräsi vain yhden pakollisen paastopäivän vuodessa, Jom Kippurin (sovituspäivä).

Hengellinen elämä valtakunnassa

Voimme lukea tästä kohdissa 3. Moos. 16:29–34 ja 23:27–32. Sakarjan kirjan jae 8:19 osoittaa, että pakkosiirtolaisuuden jälkeen juutalaisilla oli lisäksi neljä muutakin pakollista paastoa.

Tiedämme, että Jeesus toteutti tai täytti koko Vanhan testamentin – sekä lain että profeetat. Tämä tarkoittaa, ettei meillä ole lain määräämää syytä paastota. Se ei kuitenkaan tarkoita sitä, etteikö meidän tulisi paastota. Se vain tarkoittaa, että meidän ei täydy paastota ollaksemme vanhurskaita tai toteuttaaksemme laillista velvollisuutta. Jeesus ei tuomitse näissä jakeissa paastoamista, vaan ainoastaan paastoamisen vääristä syistä.

Paastoaminen ei ole itsensä kuolettamista

Paastolla ei ole arvoa, jos sitä käytetään keinona hillitä synnillisiä houkutuksia. Se ei tee meistä pyhiä. Liha voidaan voittaa vain Hengen voimalla. Sen avulla kuoletamme vanhoihin epäkristillisiin elämäntapoihimme liittyvät lihan teot. Tällainen syy paastolle itse asiassa hemmottelee lihallista mieltämme, sillä se tuo esiin juuri sellaisia hengellisyyden ulkoisia ja näkyviä muotoja, jotka Jeesus tuomitsee.

Paastoaminen ei ole keino hankkia asioita

On typerää kuvitella, että paastoamalla tai millään muullakaan tekemisellä voisimme saada Jumalan mielisuosion, hänen armonsa tai pakottaa hänet siunaamaan meitä tai vastaamaan rukouksiimme. Jumalan armo on ilmainen lahja. Hän vastaa rukouksiimme vain Jeesuksen Kristuksen kautta – hänen täydellisen ristintyönsä vuoksi.

Paastoa ei ole tarkoitettu mahtailuun

Fariseuksilla oli mahtaileva asenne paastoon – niin kuin kaikkiin muihinkin uskonnollisiin harjoituksiin. He kiinnittivät mielellään ihmisten huomion kahdesti viikossa tapahtuvaan paastoonsa. He olivat hengellisiä mahtailijoita. Jeesus tuomitsee tämän ja sanoo, että vain ne ihmiset palkitaan, jotka paastoavat oikeista syistä. Jos pyrimme kiinnittämään

Jumalan hallintavalta

ihmisten huomion paastoomme millään tavoin, menetämme taivaallisen palkkamme.

Paaston on tarkoitus ilmaista surua synnin tähden
Kohta 2. Sam. 1:11-12 kertoo, että paastoaminen ilmaisee surua ja murhetta. Paasto voi olla luonnollinen inhimillinen reaktio, mutta se voi olla myös enemmän ja muuttua tavaksi lähestyä Jumalaa ja ilmaista syvä huolemme ja murheemme monista eri asioista – kuten näemme Nehemian kirjan jakeessa 1:4. Tällainen paasto on oikeutettua, ja sen kautta saamme kokea jakeen Matt. 5:4 kuvaaman siunauksen.

Voimme reagoida tällä tavalla mihin tahansa vakavaan tilanteeseen – liittyipä se sitten kansakuntaan, seurakunnan tilaan tai henkilökohtaisiin huolenaiheisiimme. Raamatussa tämänkaltaiseen paastoon liittyy usein murhe synnin vuoksi ja nöyrtyminen Jumalan ja hänen laupeutensa edessä. Paastoamalla emme "tee parannusta" synneistämme, vaan se on seurausta siitä, kun henkilökohtaisesti ymmärrämme synnin vakavuuden.

Paaston avulla osoitamme asian vakavuuden Jumalalle
Läpi Raamatun paasto liittyy aina rukoukseen. Pelkkä paastoaminen ei riitä. Paaston tarkoitus on nimenomaan järjestää enemmän aikaa rukoukselle ja osoittaa rukousaiheiden vakavuus.

Paastotessamme sanomme Jumalalle: "Herra, tämä tilanne, joka on tuonut minut polvilleni sinun eteesi, huolestuttaa minua enemmän kuin ruumiillinen ravinnontarpeeni". Paasto on tehokasta, koska lähestymme siinä Jumalaa tavallista vakavammin. Jumala kunnioittaa tällaista päättäväisyyttä, ja paastossa se saa uuden ulottuvuuden. Jesajan kirjan luvussa 58 kerrotaan, että paaston kautta sekä fyysiset ja sosiaaliset että hengelliset kahleet katkeavat Pyhän Hengen voimasta.

Hengellinen elämä valtakunnassa

Paasto palkan tähden

Jeesus lupasi, että Isä palkitsee ne, jotka etsivät häntä vilpittömästi ja ehyellä sydämellä. Matt. 6:18 osoittaa, että tähän sisältyy myös paastoaminen Jumalan tarkoittamalla tavalla. Paastossa on jotain voimallista. Jos paastoamme puhtaalla sydämellä ja oikeista syistä, se tuo meidät lähemmäksi Jumalaa. Kohdat Jaak. 4:10 ja Jes. 40:31 havainnollistavat tätä periaatetta.

Jos haluamme ennen kaikkea miellyttää Jumalaa ja tuoda hänelle kunniaa, paastoaminen ei tuota meille mitään vaikeuksia. Emme silloin ole huolissamme siitä, mitä ihmiset meistä ajattelevat – joten meidän ei tarvitse myöskään toimia jakeen 16 tekopyhien tavoin ja pukeutua tai käyttäytyä sellaisella tavalla, joka saisi muut vaikuttumaan hengellisyydestämme.

Kun elämme Jumalan hallintavallan alla, emme tarvitse sääntöjä kertomaan meille milloin paastota, mihin pukeutua, kuinka rukoilla ja niin edelleen. Jumala itse puhuu meille suoraan ja johtaa kaikkea olemistamme ja tekemistämme. Kun olemme täysin uppoutuneita Jumalaan – ja kiinnostuneita vain siitä, että meillä olisi oikea asema hänen edessään ja että miellyttäisimme häntä kaikessa – saamme kokea, että olemme turvassa hänen käsiensä suojassa. Ja hän, joka näkee kaikki salatut asiat hengellisessä elämässämme, palkitsee meidät julkisesti sinä mahtavana päivänä, joka on tulossa.

Osa 7

Fyysinen elämä valtakunnassa

Matteuksen evankeliumin luvussa 5 Jeesus hahmottelee todellisten opetuslasten olemuksen, kertoo, kuinka heidän tulee toimia yhteiskunnassa ja määrittelee, millaisten normien mukaan heidän tulee elää. Luvussa 6 Jeesus kuvaa, millaista valtakunnan elämä maailman keskellä on ja havaitsimme, että sen pääteema on suhteemme Isään – eläessämme Jumalan hallintavallan alla maailmassa. Tämän kirjan osassa 6 tutkimme sitä, kuinka Matt. 6:1–18 käsittelee elämämme hengellistä ulottuvuutta. Hengellistä elämäämme koskien meidän tulee kysyä itseltämme "Ketä pyrimme miellyttämään?" tai "Kehen pyrimme tekemään vaikutuksen?" sekä "Mikä motivoi meitä?". Meidän tulee aina muistaa, että kaikkinäkevä Jumala tarkkailee meitä – hän tietää, mitä teemme ja ajattelemme salassa.

Seuraavassa tutkimme, mitä jakeet 19–34 opettavat meille elämämme tavallisesta, "jokapäiväisestä", fyysisestä puolesta. Ne kertovat meille, että fyysistä elämäämme koskien meidän tulee kysyä itseltämme "Kuka on Herramme?" ja "Ketä me palvelemme?". Meidän tulee aina ehdottomasti muistaa, ettei Jumala hyväksy kilpailevia voimia elämissämme.

Nämä jakeet osoittavat, että Jumala vaatii täydellistä uskollisuutta ja luottamusta niiltä, jotka elävät hänen valtakunnassaan. Niissä pureudutaan kysymykseen herruudesta/kuninkuudesta/hallintavallasta, joka on opetuslapseuden perusta. Jeesus käsittelee kahdenlaisia ongelmia tai kiusauksia:

- ◆ Jakeet 19–24 osoittavat, ettei meidän tule palvella tai rakastaa maailmaa.

- ◆ Jakeet 25–34 kertovat, ettei meidän tule huolehtia tai murehtia maallisista asioista.

Jumalan hallintavalta

Meidän on tärkeä huomata, että Jeesus käsittelee ongelman molempia puolia siitä näkökulmasta, millainen suhde meillä on Isän kanssa.

Jumala vai mammona?

Matteuksen evankeliumin jae 6:24 toteaa, että opetuslapset eivät voi "palvella sekä Jumalaa että mammonaa". Jeesus käyttää tässä aramean vaurautta ja rikkauksia tarkoittavaa sanaa *mammon*, mikä antaa olettaa, että "vauraus" kilpailee Jumalan kanssa kiintymyksestämme. *Mammon* on voima, joka pyrkii alistamaan ja orjuuttamaan meitä – vaikka ainoastaan Jumalan tulisi hallita meitä.

Tämä ei tarkoita sitä, että kolikot ja setelit olisivat pahoja, vaan pikemminkin, että hengelliset voimat vaikuttavat vaurauden materiaalisen puolen taustalla. Nämä voimat lupaavat, että vauraus ja rikkaudet antavat meille valtaa, korkean aseman, mainetta, etuoikeuksia ja suojelua. Nämä pimeyden voimat kykenevät tarttumaan kiinni useimpien ihmisten elämiin, mutta niillä ei saisi olla minkäänlaista valtaa opetuslapsiin.

Jeesuksen mukaan rahan valta on epäjumala, ja meidän tulisi kääntyä sen palvomisesta palvelemaan elävää ja todellista Jumalaa. Jatkuva *mammonan* hylkääminen fyysisessä elämässämme on opetuslapseuden perusvaatimus.

Vauraus voi antaa ihmisille turvallisuudentunteen. Se tuntuu tarjoavan vapautta, voimaa ja tyytyväisyyttä. Joka puolella maailmaa ihmiset tavoittelevat sitä raivoisasti. Jumala kuitenkin haluaa, että hänen opetuslapsensa löytäisivät turvallisuudentunteensa, vapautensa, voimansa ja tyytyväisyytensä ainoastaan Kristuksesta – ja etsisivät häntä ja hänen taivaallista aarrettaan kaikella, mitä heillä on. Jakeissa 19–21 Jeesus asettaa vastakkain aarteiden kokoamisen maan päälle ja niiden kokoamisen taivaaseen. Hän kertoo, että maan päällä aarteet voivat tuhoutua ja tulla varastetuiksi, kun taas taivaalliset aarteet ovat pysyviä. Jeesuksen opetuksissa esiintyvä vaurauden ja rahan laajempi käyttö auttaa meitä

Fyysinen elämä valtakunnassa

näkemään, kuinka voimme etsiä parasta aarretta ja vastustaa *mammonan* valtaa.

Opetuslapseuden vaatimukset
Havaitsimme jo edellä, että Jeesus pyysi ihmisiä aina uudestaan ja uudestaan jättämään kaiken ja seuraamaan häntä. Mammonan hylkääminen on kaiken jättämistä Jeesuksen seuraamisen vuoksi, Jeesuksen opetuslapsena olemista sekä palvelemista yhdessä Jeesuksen kanssa. Esimerkiksi:

◆ Leevi jätti *mammonan* maailman ja hänestä tuli opetuslapsi – Luuk. 5:27–28.

◆ Simon, Andreas, Jaakob ja Johannes jättivät toimeentulonsa ja ihmeellisen kalansaaliinsa voidakseen tulla opetuslapsiksi – Luuk. 5:1–11.

◆ Lainkuuliainen rikas ja korkeassa asemassa oleva mies koki *mammonan* houkuttelevammaksi kuin lupauksen taivaallisesta perinnöstä – Luuk. 18:18–23.

◆ Kun kaksitoista opetuslasta lähetettiin, he saivat ohjeet, joissa kiellettiin *mammona* – Matt. 10:7–10.

◆ Seitsemänkymmentäkaksi opetuslasta saivat vastaavat ohjeet – Luuk. 10:1–12.

Taivaallinen ja maan päällinen aarre
Matteuksen evankeliumin jakeissa 6:19–21 Jeesus antaa opetuslapsilleen yksinkertaisen valinnanmahdollisuuden: aarre maan päällä tai aarre taivaissa. Jakeessa 6:24 hän selittää: "Kukaan ei voi palvella kahta herraa. Jos hän toista rakastaa, hän vihaa toista; jos hän toista pitää arvossa, hän halveksii toista. Te ette voi palvella sekä Jumalaa että mammonaa."

On tietenkin sanomattakin selvää, että opetuslapset valitsevat taivaallisen aarteen, mutta *mammonan* vallan vuoksi meidän on vaikea vastustaa kiusausta janota maan päällisiä aarteita. Luukkaan evankeliumin jakeissa 12:33–34 Jeesus selittää, kuinka voimme koota tai kerätä taivaallisia aarteita. On

Jumalan hallintavalta

selvää, että näissä jakeissa kuvattu anteliaisuus myös tuhoaa mammonan *valtaa elämissämme*. Luukkaan evankeliumin luku 16 on tärkeä kohta *mammonasta* ja todellisista rikkauksista. Sen sijaan, että olisimme *mammonan* orjia, meidät on kutsuttu käyttämään vaurautta sellaisella tavalla, joka antaa meille pääsyn "iäisiin asuntoihin" ja "todellisiin rikkauksiin".

Jumalan hallintavaltaan suostuvat opetuslapset on vapautettu *mammonan* orjuudesta. Heidän tulee todistaa tämä sekä olemalla rehellisiä taloudenhoitajia että antamalla Jumalan anteliaisuudella ja myötätunnolla. Jeesus kehottaa meitä antamaan Jumalan tavalla esimerkiksi kohdissa Matt. 5:42 ja Luuk. 6:30-38. Näissä kohdissa myös kuvataan sellaiset teot, jotka Jumala palkitsee taivaallisella aarteella.

Terveet ja huonot silmät

Ensi näkemältä vaikuttaa siltä, että jakeet 22-23 keskeyttävät Jeesuksen opetuksen. Jae 24 on ikään kuin väärässä paikassa: sen luulisi sijaitsevan heti jakeiden 19-21 perässä. Tiedämme kuitenkin, ettei näin voi olla. Jae 24 seuraa jakeita 22-23, koska Jeesuksen yhteenveto "te ette voi palvella sekä Jumalaa että mammonaa" liittyy yhtä paljon sekä niihin että niitä edeltäviin jakeisiin.

Jakeet 19-21 keskittyvät *mammonan* "kokoamiseen": päätökseen kerätä vaurautta ja materiaalista omaisuutta sekä asenteeseen, joka sanoo "nämä kuuluvat minulle, voin tehdä niillä mitä haluan". Jakeet 22-23 taas käsittelevät *mammonan* "näkemistä": jatkuvasti kaiken sellaisen näkemistä, mitä haluamme tai luulemme tarvitsevamme sekä ajatuksia, jotka ovat niin täynnä *mammonaan* liittyvä asioita, ettei niihin jää paljoakaan tilaa Jumalan asioille.

Emme palvele *mammonaa* ainoastaan kun laitamme luottamuksemme vaurauteen ja turvaudumme kaikkeen, mitä meillä on, vaan myös jos jatkuvasti ajattelemme materiaalisia asioita - näemme ne mielessämme tai haaveilemme, kuinka elämämme paranisi, jos meillä vain olisi sitä tai tätä. Nämä jakeet ovat Jeesuksen tapa kuvata sitä, kuinka me

Fyysinen elämä valtakunnassa

suhtaudumme asioihin. Hänen mukaansa meillä on vain kaksi mahdollista tapaa katsoa kaikkea maailmassa.

- Terve silmä – tämä on opetuslasten silmä, joka näkee asiat Jumalan tavalla ja sellaisena kuin ne todella ovat, ilman minkäänlaista "hajataittoa".

- Huono silmä – tämä silmä näkee asiat sumeina ja epäselvinä, ennakkoluulojen ja maallisten halujen värittäminä.

Jakeessa 21 Jeesus sanoi, että sydämemme on siellä, missä aarteemme on. Nyt hän osoittaa, että *mammonan* tarjoama aarre vaikuttaa myös mieleemme. Näkemyksemme ja eettiset asenteemme ovat usein sellaisen ajattelun värittämiä, joka antaa vääränlaista arvoa materiaalisille asioille. Tällainen ajattelutapa kääntyy Jumalan sijasta *mammonan* puoleen turvan ja toivon saamiseksi. Paavalin sanat kollegastaan kohdassa 2. Tim. 4:10 osoittavat, kuinka paljon nämä asiat voivat vaikuttaa palvelutyöhömmekin. Valitettavasti monet opetuslapset eivät tunnista tätä: heidän katseensa ei ole terävä ja selvä.

Luukkaan evankeliumin jakeissa 21:34–36 Jeesus varoittaa opetuslapsiaan jokapäiväisen elämän huolista ja sanoo, että ne voivat juopottelun tavoin turruttaa heidät, niin etteivät he seuraa häntä niin tiiviisti kuin heidän pitäisi. Maan päällisillä aarteilla on niin suuri voima, että ne voivat saada koko ihmisen otteeseensa. Vihollinen käyttää niitä repiäkseen niin sydäntämme, mieltämme kuin tahtoammekin.

Totesimme edellä, että tekemisemme on seurausta ajattelustamme – nyt huomaamme, että ajattelumme määräytyy aarteemme mukaan. Tämä sama periaate pätee kaikilla elämänalueilla. Aarteemme – se, mitä arvostamme kaikista eniten – määrää sen, mitä ajattelemme ja kuinka toimimme.

Jumalan hallintavalta

Jumalan rakastaminen ja vihaaminen

Jae Matt. 6:24 on yksi Jeesuksen vakavimmista väitteistä: "Kukaan ei voi palvella kahta herraa. Jos hän toista rakastaa, hän vihaa toista; jos hän toista pitää arvossa, hän halveksii toista. Te ette voi palvella sekä Jumalaa että mammonaa." Sekä Jumala että *mammona* – rakkaus maan päällisiin aarteisiin – vaativat meiltä täydellistä ehdottomuutta. Maalliset, fyysiset asiat vaativat täydellistä omistautumistamme. Ne haluavat, että nostamme ne kaiken muun yläpuolelle ja elämme niitä varten. Samaa haluaa myös Jumala.

Jeesuksen sanat kohdissa Luuk. 18:22 ja Matt. 10:37 kertovat valtakunnan vaatimasta täydellisestä ehdottomuudesta. Meidät on kutsuttu olemaan ainoastaan Jumalan hallitsemia – kiintymyksessämme ei saa olla tilaa muille kilpakumppaneille. Se on joko tai. Kompromissi ei ole mahdollinen. Moni opetuslapsi ei ymmärrä, että kaikki materialismi on vastoin Jumalan tahtoa. He tunnustavat, että jotkut avoimesti Jumalaa vastustavat taloudelliset järjestelmät eivät sovi yhteen kristinuskon kanssa, mutta he eivät ole ymmärtäneet raamatullista totuutta, että kaikki materialismin muodot ovat pohjimmiltaan ateistisia.

Jeesus sanoo tässä, että jos rakastamme mitään materialistisia asioita, me itse asiassa vihaamme Jumalaa. On monia, monia ihmisiä, jotka ajattelevat olevansa kristittyjä – he ylistävät, rukoilevat, lukevat Raamattua, todistavat jne. –, mutta jotka elävät myös maan päällisiä aarteita varten. Jae 23 sanoo tähän: "Millainen onkaan pimeys!"

Kertomus assyrialaisista kohdassa 2. Kun. 17:24–41 kuvaa hätkähdyttävän osuvalla tavalla monia nykypäivän opetuslapsia. Assyrialaiset pelkäsivät aidosti todellista Jumalaan, mutta jatkoivat silti omien jumaliensa palvelemista. He yrittivät yhdistää Jumalan seuraamisen ja omat pakanalliset tapansa – "tähän päivään saakka".

Jeesuksen yhteenveto vuorisaarnasta (Matt. 7:21–23) ei voikaan tulla meille yllätyksenä. Se on luonnollinen seuraus hänen jakeessa 6:24 esiintyvistä sanoistaan. Me palvelemme

Fyysinen elämä valtakunnassa

joko Jumalaa tai mammonaa. Täysin Jumalaa eikä lainkaan mammonaa – tai jonkin verran mammonaa eikä lainkaan Jumalaa.

Monet uskovat mittaavat antautumistaan Jumalalle sillä, kuinka eläväistä heidän hengellinen elämänsä on. Vaikuttaa kuitenkin siltä, että Jeesus on pikemminkin huolissaan elämämme fyysisestä ulottuvuudesta. Voimme rukoilla, paastota ja auttaa ihmisiä, mutta silti olla mammonan ja maan päällisen aarteen lumoissa. Mutta jos meillä ei ole lainkaan aikaa mammonan asioille, laitamme aina Jumalan ja hänen hallintavaltana etusijalle.

Huoli vai luottamus?

Näimme, kuinka Matteuksen evankeliumin jakeissa 6:19–24 Jeesus varoitti kokoamasta aarteita maan päälle ja elämästä millään tasolla materialistisille asioille. Jakeissa 25–34 hän jatkaa tästä ja painottaa, kuinka turhaa on murehtia maallisista asioista.

Joillain opetuslapsilla ei välttämättä ole paljon vaurautta tai omaisuutta, mutta he saattavat silti olla mammonan otteessa murehtimalla jatkuvasti elämän fyysisiä ongelmia. Viholliselle on yhdentekevää kokoammeko vaurautta vai murehdimmeko sen puuttumista. Hän haluaa vain varmistaa, että ajatuksemme ovat *mammonassa* eivätkä Jumalassa. Hänen päätavoitteensa on saada opetuslapset keskittymästä Jumalaan – ja hän käyttää kaikkia mahdollisia keinoja tavoitteensa saavuttamiseksi.

Näissä jakeissa Jeesus puhuu järkeä opetuslapsilleen. Hän käyttää kolmea perustelua, joista jokaisen hän esittelee samoilla sanoilla "älkää (siis) murehtiko" (j. 25, 31 ja 34, v. 1938 käännös).

Älkää olko levottomia

Useimmissa Raamatun käännöksissä on käytetty hieman eri sanoja kreikan verbille *merimnao*. Siitä käytetään käännöksiä "älkää huolehtiko", "älkää murehtiko" ja "älkää kantako huolta". *Merimnao* on kuitenkin johdettu sanasta *merizo*, joka tarkoittaa

Jumalan hallintavalta

"jakaa joku jollain toisella" tai "jakaa joku jonkun kanssa". *Merimnao* tarkoittaakin sanatarkasti "jakaa mieli".

Jeesus siis sanoo opetuslapsilleen, ettei heillä saisi olla osiin jaettua mieltä, jossa kaksi erilaista ajattelutapaa riitelee keskenään tai joka tänään ajattelee yhtä ja huomenna toista ja joka ei ole täysin keskittynyt Jumalaan. Jeesus kehottaa meitä olemaan huolehtimatta mistään muusta kuin Jumalasta, hänen hallintavallastaan ja hänen luotettavasta olemuksestaan. Luukkaan evankeliumin jakeet 10:38–42 puhuvat tästä samasta. Niissä Martta "puuhasi monissa palvelustoimissa" (v. 1938 käännös) ja Jeesus sanoi hänelle, että hän huolehti ja hätäili monista asioista, kun taas hänen siskonsa oli keskittynyt vain yhteen asiaan – kuulemaan Jeesuksen sanoja.

Matteuksen evankeliumin jakeissa 6:25–34 Jeesus varoittaa, ettei jokapäiväisten fyysisten asioiden murehtimisen tulisi viedä huomiotamme pois opetuslasten tärkeimmästä tavoitteesta. Hän ei sano, etteikö meidän tulisi koskaan ajatella ruokaa, vaatteita tai terveyttä, vaan pikemminkin hän kannustaa meitä siihen, etteivät nämä asiat veisi huomiotamme pois Jumalan Sanaan keskittymisestä.

Ensimmäisessä "älkää murehtiko" -kohdassaan (j. 25–30) Jeesus esittää neljä syytä sille, miksi opetuslasten ei tulisi olla kahtaalle jakaantuneita tai monien huolten painamia.

1. Elämässä on muutakin

Ensinnäkin Jeesus muistuttaa meitä siitä, että elämämme on paljon tärkeämpää kuin ruoka, mitä syömme tai vaatteet, jotka puemme päällemme. Ne ovat epäolennaisia asioita, joiden ei tulisi aiheuttaa meille huolta tai murhetta. Muut asiat ovat paljon tärkeämpiä.

Meidän täytyy muistaa, että Jumala on antanut meille elämän. Häneltä olemme saaneet kaiken, mitä meillä on ja mitä olemme. Häneltä saamme päivittäin tarvitsemamme ruoan, vaatteet ja terveyden. Ja koska hän teki meidät ja pitää meistä huolta, meidän ei tarvitse murehtia siitä, että meillä olisi vähemmän kuin mitä tarvitsemme.

Fyysinen elämä valtakunnassa

Meidän täytyy lintujen tavoin löytää ruokamme ja rakentaa pesämme, mutta kuten lintujenkin kohdalla, myös meidän kohdallamme Jumala pitää huolen siitä, että meillä on kaikki tarvitsemamme. Jeesus ei selvennä kuinka Jumala pitää huolen, vaan ainoastaan toteaa, että hän tekee niin.

2. Jumala on taivaallinen Isämme

Jeesus toteaa jakeessa 26, että Jumala pitää huolen koko luomakunnastaan – ja me olemme osa sitä. Sitten hän vielä muistuttaa opetuslapsiaan siitä, että Luoja on lisäksi heidän "taivaallinen Isänsä".

Meidän ei tarvitse murehtia, sillä Jumala pitää huolen kaikista luoduistaan. Mutta opetuslapset eivät ole ainoastaan Jumalan luotuja, vaan meillä on lisäksi henkilökohtainen suhde Jumalan kanssa – me olemme hänen lapsiaan, ja hän on meidän Isämme. Tämän vuoksi meillä on vielä vähemmän syytä murehtia. Jos Jumala kerran pitää huolen eläimistään, kuinka voisimme edes kuvitella, etteikö hän pitäisi huolta lapsistaankin!

3. Murehtiminen on turhaa

Jakeessa 27 Jeesus muistuttaa opetuslapsiaan siitä, kuinka täydellisen turhaa murehtiminen on. Sillä ei ole mitään virkaa. Murehtimalla ei voi saavuttaa mitään – se on täyttä ajan hukkaa.

Murehtiminen ei lisää elämäämme mitään tai millään tavalla. Elämämme on lahja Jumalalta. Hän määrää sen alun ja lopun ja pitää siitä huolen – me olemme täysin hänen käsissään. Isämme on kaiken takana. Siksi meidän ei tarvitse eikä tule hukata aikaa turhaan murehtimiseen.

4. Murehtiminen osoittaa uskon puutetta

Jakeessa 30 Jeesus sanoo, että opetuslapset, jotka murehtivat elämän fyysisistä asioista ovat vähäuskoisia. Se on heidän perimmäinen ongelmansa ja todellinen syy heidän kaikelle murehtimiselleen. Jeesus ei syytä heitä siitä, etteikö heillä olisi

Jumalan hallintavalta

lainkaan uskoa – hehän ovat kuitenkin hänen opetuslapsiaan ja kuuntelevat hänen puhettaan. He uskovat Jeesukseen tarpeeksi, jotta ovat lähteneet seuraamaan häntä, mutta eivät tarpeeksi ollakseen murehtimatta.

Monet opetuslapset ovat varmoja siitä, että Jumala on lunastanut heidät ikuisuutta varten, mutta eivät lainkaan vakuuttuneita siitä, että Jumala pitäisi heistä huolta täällä maan päällä. Heillä on hengellinen usko, muttei fyysistä uskoa. He eivät ymmärrä, että Jumala on kiinnostunut kaikista heidän elämänsä osa-alueista. He ovat jakaneet elämänsä eri osiin ja luottavat, että Jumala kyllä pitää huolen heidän elämänsä hengellisestä puolesta, mutta eivät luota hänen apuunsa heidän fyysisissä tarpeissaan. Totuus kuitenkin on, että kun elämme Hengessä, koko elämämme on hengellistä – kristillisessä elämässä ei tulisi olla jakoa pyhän ja maallisen välillä, sillä Jeesus on Herra kaikilla elämämme osa-alueilla.

Annettuaan nämä neljä syytä sille, miksi opetuslasten ei tule murehtia fyysisistä tarpeista, Jeesus jatkaa toiseen "älkää murehtiko" -kohtaansa (j. 31–34), jossa hän esittää kolme tärkeää päätelmää.

1. Olkaa erilaisia kuin pakanat

Läpi koko vuorisaarnan Jeesus painottaa toistuvasti valtakunnan ja maailman vastakkainasettelua ja sitä, että valtakunnan asenteet eivät ole samoja kuin maailman asenteet. Hän palaa tähän teemaan jakeessa 32 ja osoittaa, että opetuslasten tulee tavoitella varsin eri asioita kuin mitä heidän ympärillään olevat ihmiset tavoittelevat.

Ystävämme ja naapurimme murehtivat fyysisistä asioista kuten rahasta, työstä, asunnosta, lomista, autosta, ruoasta ja vaatteista. Meidän tulee erottua erilaisina – niin ajattelussamme kuin puheissammekin. Koko vuorisaarna puhuu nimenomaan siitä, että valtakunnan elämä on täysin erilaista kuin maallinen elämä, ja tämä jae havainnollistaa juuri samaa asiaa.

Fyysinen elämä valtakunnassa

2. Tietäkää, että Jumala tietää
Toistuvasti läpi koko vuorisaarnan Jeesus muistuttaa hellästi opetuslapsiaan siitä, että heidän Isänsä näkee ja tietää kaiken. Hän tietää mitä ajattelemme, hän näkee mitä teemme, hän on tietoinen kaikista tarpeistamme. Kuinka valtavan helpottavaa onkaan, että Jumala tietää kaikki syvimmät tarpeemme! Mikään ei ole häneltä salassa. Opetuslapset, jotka todella ymmärtävät tämän totuuden, tulevat vapaiksi huolista ja murheista.

3. Keskittykää Jumalan valtakuntaan
Matteuksen evankeliumin jae 6:33 on yksi Raamatun tunnetuimmista jakeista: "Etsikää ennen kaikkea Jumalan valtakuntaa ja hänen vanhurskasta tahtoaan, niin teille annetaan kaikki tämäkin." Sen sijaan, että opetuslapset murehtisivat elämän fyysisistä asioista, heidän tulisi keskittyä Jumalasuhteeseensa – siihen, että Jumala hallitsee heitä henkilökohtaisesti ja suoraan, sekä siihen, että heillä on oikea asema Jumalan edessä ja rauha hänen kanssaan.

Tämä jae ei kerro uskomattomille ihmisille kuinka heistä tulee kristittyjä, vaan uskoville kuinka elää kristittynä. Meidän tulee laittaa Jumalan valtakunta etusijalle. Meidän tulee etsiä Jumalan hallintavaltaa kaikella olemuksellamme. Meidän tulee ajatella Jumalasuhdettamme enemmän kuin mitään muuta.

Käsitellessämme valtakunnan asenteita havaitsimme, että ne, joilla on vanhurskauden nälkä ja jano ravitaan. Tässä pätee sama periaate. Ne opetuslapset, jotka ennen kaikkea etsivät Jumalan valtakuntaa ja hänen vanhurskauttaan, huomaavat – lähes kuin vahingossa –, että heillä on kaikki muukin, mitä he maallisessa elämässään tarvitsevat. Maailma etsii maallisia asioita ja löytää huolta, murhetta ja pelkoa. Mutta Jumalaa etsivät opetuslapset löytävät rauhaa, varmuutta ja turvaa – sekä riittävää fyysistä huolenpitoa.

Jumalan hallintavalta

Täynnä luottamusta kohti tulevaa

Matteuksen evankeliumin jae 6:34 sisältää Jeesuksen viimeisen "älkää murehtiko" -kohdan. Siinä hän vie opetuksensa murehtimisesta vielä askeleen pidemmälle ja käsittelee huolta tulevaisuudesta. Jos vihollinen ei onnistu saamaan meitä murehtimaan tämänhetkisiä fyysisiä ongelmiamme, hän pyrkii synnyttämään meissä pelon tulevasta.

Monet opetuslapset luottavat Jumalaan nykyhetkessä, mutta eivät ole vakuuttuneita siitä, että hän voisi auttaa myös tulevaisuudessa. He kuvittelevat mielessään kaikenlaisia vaihtoehtoja ja epätodennäköisiä uhkia – ja murehtivat niitä kaikkia! He kysyvät aina itseltään: "Mitä jos käy näin? Entä tällä toisella tavalla? Kuinka tulen selviämään?" Kaikki, mitä Jeesus on tässä osiossa puhunut murehtimisesta ja Jumalaan luottamisesta pätee myös tulevaisuudessa. Murehtiminen on turhaa. Isä tietää kaiken, mitä tarvitsemme. Meidän tulee olla täynnä uskoa, erilaisia, etsiä Jumalan valtakuntaa ja niin edelleen.

Kun murehdimme tulevaa, lamaannumme nykyhetkessä. Koska elämme langenneessa maailmassa, joka on täysin vastakkainen Jumalan valtakunnan kanssa, lähes jokaiseen päivään kuuluu jonkinasteisia vaikeuksia ja haasteita. Meidän tulee jatkaa Jumalan etsimistä, jotta saisimme häneltä johdatusta ja voimaa käsitellä kaikkia niitä asioita, joita maailma joka päivä heittää meitä kohti. Meidän tulee myös varmistua siitä, ettei mikään tuleva saa meitä kadottamaan keskittymistämme – erityisesti se, että murehtisimme niitä asioita, jotka eivät välttämättä edes toteudu tai jotka Jumala käsittelee oikeaan aikaan.

Meidän tulee vastustaa ja hylätä niitä ajatuksia, jotka saavat meidät murehtimaan tulevaa. Niiden sijaan meidän tulee etsiä Jumalan valtakuntaa ja oikeaa asemaa Jumalan edessä tänään – ja tietää, että Jumala, johon luotamme tänään, on aivan yhtä luotettava myös huomenna.

Osa 8

Tuomio valtakunnassa

Olemme nähneet, että vuorisaarnan alussa Jeesus kuvailee opetuslasten perusolemuksen. Sen jälkeen Matteuksen evankeliumin luvussa 5 hän hahmottelee opetuslasten suhteen maailmaan ja lakiin, jonka jälkeen luvussa 6 hän kertoo maailmassa elävien opetuslasten suhteesta Isään. Seuraavaksi tulemme Matteuksen evankeliumin luvun 7 jakeisiin 1–6, joissa Jeesus kuvailee opetuslastensa suhdetta muihin ihmisiin.

Älkää tuomitko

Tuomio on kantava teema läpi koko luvun 7. Jeesus aloittaa tämän osuuden selkeällä ja yksinkertaisella toteamuksella "älkää tuomitko", jonka jälkeen hän kertoo kolme syytä sille, miksi opetuslasten ei tule tuomita muita.

Tämä periaate ei tarkoita sitä, etteikö opetuslasten koskaan tulisi tuomita tai ilmaista mielipiteitään. Silloinhan jakeen 6 soveltaminen olisi mahdotonta – emmehän kykene nimeämään, kuka on "koira" tai "sika", jos emme jollain tasolla arvioi ihmisiä. Myös jakeen 15 ymmärtäminen olisi yhtä lailla vaikeaa, sillä siinä Jeesus kertoo niistä periaatteista, jotka liittyvät väärien profeettojen tunnistamiseen.

Jeesus ei siis kiellä meitä koskaan tuomitsemasta tai arvostelemasta, vaan hän pikemminkin puuttuu siihen tapaan, jolla kritisoimme ja tuomitsemme muita. Jeesus kieltää vääränlaisen tuomitsemisen. Hän varoittaa meitä sellaisesta kriittisestä asenteesta, joka tuomitsee muut ihmiset, johon liittyy ylemmyyden ja omavanhurskauden tunteita ja joka halveksii muita. Tällainen asenne nauttii arvostelemisesta, haluaa lähtökohtaisesti löytää vikoja kaikesta ja toivoo aina pahinta.

Jumalan hallintavalta

Läpi koko vuorisaarnan Jeesus on aina kiinnostuneempi asenteistamme kuin teoistamme. Niin myös tässä: opetuslapsilla täytyy ehdottomasti olla oikeanlainen tapa ja puhtaat motiivit, kun he arvostelevat muita ja kertovat mielipiteensä. Voimme sanoa tuomitsemisen olevan vääränlaista, jos:

- ◆ Se on negatiivista ja kriittistä. Kaikki sellainen arvostelu on syntiä, joka pyrkii hajottamaan eikä rakentamaan, vaikka arvostelu lähtökohtaisesti olisikin aiheellista.

- ◆ Se tapahtuu omavanhurskauden hengessä. Ihmiset usein arvostelevat muita, jotta huomio kääntyisi pois heistä itsestään, jotta he itse vaikuttaisivat virheettömiltä ja jotta he saisivat sysättyä syyt jonkun toisen niskoille. Näemme tämän kohdassa 1. Moos. 3:12.

- ◆ Se ei ole armon pehmentämää. Tiedämme, että opetuslapset on kutsuttu olemaan armahtavaisia, joten tuomitsemista ei koskaan tule tehdä tylyllä tai anteeksiantamattomalla tavalla. Meidän tulee aina olla positiivisia ja suurpiirteisiä siinä tavassa, jolla puhumme muista ja arvioimme heitä. Näemme tämän kohdissa Ef. 4:2,32 ja Fil. 4:5.

- ◆ Se on puolueellista tai ennakkoluuloista. Ihmiset ovat usein suurpiirteisempiä arvioidessaan itseään tai niitä, joista pitävät kuin arvioidessaan niitä, joista eivät pidä. Tuomitseminen on vääränlaista, jos se perustuu ennakkoluuloihin ihmisen persoonasta tai siitä ihmisryhmästä tai luokasta, johon hän kuuluu – Jaak. 2:1–4.

- ◆ Se tehdään tuntematta kaikkia faktoja. Totuuden kuvaaminen vain joiltain osin antaa yleensä täysin väärän kuvan kokonaisuudesta. Valikoitujen faktojen käyttäminen johtaa yleensä väärään tuomioon – Sananl. 18:17.

Tuomio valtakunnassa

- Se tapahtuu henkilön selän takana. Silloin se ei juuri eroa juoruilusta tai panettelusta – Ef. 4:31. Jokaisen asianosaisen tulisi olla läsnä ja puhua totuutta keskinäisessä rakkaudessa sekä saada mahdollisuus selittää tilanteensa tai käytöksensä.

- Se tehdään inhimillisen mittapuun mukaan. Monet tuomitsevat inhimillisen ymmärryksen ja maallisten normien mukaan. Me voimme kuitenkin tuomita ainoastaan Jumalan Sanan ja valtakunnan asenteiden pohjalta. Joh. 7:24 osoittaa, ettei meidän tule tuomita sen mukaan, miltä asia päältä katsoen näyttää, vaan Jumalan vanhurskauden mukaan.

- Sen kohteena ovat ihmisen motiivit. Vain Jumala näkee ja tuntee ihmisten sisimmät ajatukset, heidän sydämensä. Me emme usein ymmärrä edes omia motiivejamme, saatikka sitten muiden – 1. Sam. 16:7 ja 1. Kor. 4:4.

- Se on lopullista. Meidän tulee aina olla varovaisia siinä, kuinka tuomitsemme. Matt. 13:24–30 osoittaa, että lopullinen tuomiovalta kuuluu kuninkaalle. Me saatamme olla väärässä, ja tälle vaihtoehdolle täytyy jättää tilaa – kuten Paavali tekee kohdassa 1. Kor. 13:9. Meidän täytyy olla valmiita muuttamaan mielipidettämme. Me emme voi koskaan tuomita toisia ihmisiä "suoralta kädeltä" tai julistaa heille lopullista tuomiota – 1. Kor. 4:5.

- Se tehdään huomioimatta sitä, että Jumala on kaiken tuomari. Meidät kaikki on kutsuttu antamaan jonkinlaisia tuomioita eri tilanteissa, mutta meidän tehtävämme ei koskaan ole "leikkiä Jumalaa". Hän yksin on tuomari – Jaak. 4:12. Alamme anastaa Jumalalle kuuluvaa roolia, jos pyrimme kostamaan niille, jotka ovat tehneet väärin meitä kohtaan – Room. 12:19 ja 1. Kor. 4:5.

Jumalan hallintavalta

Kohdassa Matt. 7:1–6 Jeesus kertoo kolme painavaa syytä sille, miksi opetuslasten ei tule tuomita näillä väärillä tavoilla.

1. Ettei meitä tuomittaisi

Matt. 7:1 sanoo: "Älkää tuomitko, ettei teitä tuomittaisi." Tärkein syy olla tuomitsematta muita on se, että emme halua Kuninkaan tuomitsevan meitä. 1. Joh. 2:28 rohkaisee meitä elämään niin, ettemme joudu väistymään häveten, kun näemme Jumalan kasvoista kasvoihin. Meidän tulee elää oikein nyt, jos emme halua hävetä silloin. Jos tuomitsemme muita nyt, meidät tullaan tuomitsemaan silloin.

Uudessa testamentissa kerrotaan kolmenlaisesta tuomiosta (tai arvioinnista):

- ◆ Viimeisestä ja lopullisesta tuomiosta, joka määrittää asemamme Jumalan edessä, ja jossa erotellaan uskovat uskomattomista, lampaat vuohista, taivaaseen pääsevät niistä, jotka joutuvat kadotukseen.

- ◆ Kaiken aikaa tapahtuvasta uskovien arvioimisesta, karsimisesta ja ojentamisesta, josta kerrotaan kohdissa 1. Kor. 5:1–8 ja 11:27–32.

- ◆ Vapauttavan tuomion yhteydessä tapahtuvasta uskovien palkitsemisesta, jossa Jumala jakaa perintöosan ja palkan. Tähän olemme törmänneet toistuvasti tutkiessamme Jumalan valtakuntaa. Esimerkkejä löytyy kohdista 1. Kor. 3:8, 2. Kor. 5:9–11, Gal. 6:5 ja 2. Tim. 1:16–18.

Jakeessa Matt. 7:1 Jeesus viittaa pääosin tähän kolmanteen tyyppiseen tuomioon. Kun tuomitsemme muita, vaikutamme omaan tuomioomme sinä päivänä, jona Jumala palkitsee ja jakaa valtakunnan perintöosan. Opetuslapset, jotka tuomitsevat muita, eivät menetä pelastustaan, mutta on selvää, että he menettävät jotain muuta.

Tuomio valtakunnassa

2. Jotta emme määrittelisi sitä, kuinka meidät itsemme tuomitaan

Jeesuksen toinen syy sille, miksi meidän ei tulisi tuomita muita löytyy jakeesta Matt. 7:2. Kun opetuslapset tuomitsevat muita, he eivät ainoastaan saa tuomiota osakseen, vaan he myös määrittelevät ne normit, joiden mukaan Jumala heidät tuomitsee. Jos olemme nopeita ja kärkkäitä arvostelemaan ja tuomitsemaan muita, emme voi valittaa, kun Jumala toimii samoin meitä kohtaan.

3. Koska emme kykene tuomitsemaan

Jakeissa Matt. 7:3–5 Jeesus käyttää sarkasmia ja ironiaa selittääkseen, ettei meidän tule tuomita muita, koska emme kerta kaikkiaan kykene tekemään sitä oikealla tavalla. Hän huomauttaa, että jos todella olisimme huolissamme vanhurskaudesta ja totuudesta, käsittelisimme ensin omat asiamme – olisimme itseämme kohtaan paljon kriittisempiä kuin muita kohtaan. Jeesus sanoo, että oma tilamme tekee meidät kykenemättömiksi auttamaan muita. Omassa silmässämme olevan hirren vuoksi meidän on mahdotonta poistaa roska jonkun toisen silmästä. Emme voi auttaa toisia korjaamaan pientä virhettä samalla kun valtava hirsi sokeuttaa meitä.

Jeesus kutsuu meitä tekopyhiksi. Emme todellisuudessa pyri auttamaan toisia, vaan olemme paljon kiinnostuneempia heidän tuomitsemisestaan. Esitämme olevamme huolissamme pienen virheen löytämisestä, mutta sisimmissämme iloitsemme, että pääsemme huomauttamaan siitä. Jeesus haastaa meitä käsittelemään omat vajavaisuutemme ensin, jos todella haluamme auttaa muita.

Kun näemme itsemme oikeassa valossa, emme koskaan tuomitse muita väärällä tavalla. Paras tapa varmistaa, ettei meillä ole tällaista vääränlaista kriittistä asennetta on pitää huoli siitä, että olemme täynnä Jumalan valtakunnan autuaita asenteita: köyhyyttä hengessä, murheellisuutta köyhyydestämme, nöyryyttä ja niin edelleen.

Jumalan hallintavalta

Erilaisten ihmisten erottaminen toisistaan

Matteuksen evankeliumin jakeissa 7:1–5 Jeesus siis ohjeistaa opetuslapsiaan olemaan tuomitsematta muita ihmisiä. Seuraavassa jakeessa (7:6) hän kuitenkin välittömästi ilmaisee, että opetuslasten tulee erottaa koirat niistä, jotka eivät ole koiria – ja suhtautua näihin kahteen ihmisryhmään eri tavoin.

Meidän tulee vastustaa kiusausta olla kriittisiä ja nopeita tuomitsemaan ihmisiä. Samalla meidän tulee kuitenkin pitää mielessä Uuden testamentin ohjeet "koetella kaikkea" ja koetella henget (1. Tess. 5:21 ja 1. Joh. 4:1–3).

Jeesuksen sanat ovat erittäin painokkaat: "Älkää antako koirille sitä, mikä on pyhää, älkääkä heittäkö helmiänne sikojen eteen, etteivät ne tallaa niitä jalkoihinsa ja käy teidän kimppuunne ja raatele teitä". Kuten Jeesuksen sanat tuomitsemisesta eivät tarkoittaneet sitä, etteikö meidän koskaan tulisi arvostella mitään, samoin eivät nämäkään sanat tarkoita, etteikö meidän koskaan tule todistaa uskomattomille – saarnasihan Jeesus itsekin heille ja lähetti myös opetuslapsensa saarnaamaan heille. Sen sijaan ne painottavat sitä, kuinka tärkeää on erottaa toisistaan erilaiset ihmiset ja erilaiset ihmisryhmät.

Näemme evankeliumeissa, että Jeesus kohteli jokaista kohtaamaansa ihmistä eri tavalla. Hänellä oli erilainen asenne fariseuksia kuin tavallisia ihmisiä kohtaan. Hän puhui Pilatukselle, mutta oli hiljaa Herodeksen edessä. Johanneksen evankeliumin alussa hän keskusteli Natanaelin, Nikodemoksen ja samarialaisen naisen kanssa ja kertoi heille kaikille täsmälleen saman totuuden, mutta jokaiselle eri tavalla.

Tämä jae opettaa meille viisi periaatetta:

1. Meidän tulee oppia erottamaan toisistaan erilaiset ihmiset
Meidän täytyy nähdä, että jokainen ihminen on erityinen ja suunnattoman arvokas Jumalalle. Meidän ei tule kohdata kaikkia ihmisiä samalla tavalla, vaan selvittää, kuinka voimme auttaa jokaista heille parhaalla tavalla. Jos keskitymme

Tuomio valtakunnassa

enemmän sanoihin, jotka yritämme sanoa kuin ihmiseen, jota yritämme auttaa, emme ole Kristuksen kaltaisia.

Meidän on myös tärkeä ymmärtää, että monet ihmiset vastustavat Jumalan valtakuntaa perinpohjaisesti – joskus jopa huomaamattaan. Tällaiset ihmiset meidän tulee kohdata kuten Jeesus kohtasi fariseukset ja kirjanoppineet. Monet uskovat ajattelevat, että meidän pitäisi olla kilttejä kaikille, mutta Matteuksen evankeliumin luku 23 osoittaa tämän vääräksi.

2. Meidän tulee oppia kuinka kohdella erilaisia ihmisiä

Meidän tulee oppia, minkälainen apu tai minkälaiset sanat ovat kullekin ihmiselle sopivimmat eri tilanteissa. Voimme päätellä Jeesuksen sanoista, että poistettuamme hirren omasta silmästämme, voimme ilomielin auttaa niitä, joilla on silmässään jokin pieni roska. Meidän tulee oppia tunnistamaan, mikä silmä on terve eikä tarvitse huomiota ja mikä taas tarvitsee hellää hoitamista. Vaatii erittäin suurta tarkkaavaisuutta ja herkkyyttä poistaa pieni roska toisen silmästä: meidän täytyy kohdata ihmisiä kevyellä kosketuksella eikä kömpelöllä lähestymistavalla!

Näemme evankeliumeissa, että Jeesus kohteli jokaista ihmistä erityisellä tavalla – ja meidän tulee tehdä samoin. Se onnistuu, kun elämme Jumalan suoran ja henkilökohtaisen hallintavallan alla, kuuntelemme hänen ääntään emmekä luota omaan kokemukseemme ja seuraamme hänen käskyjään.

3. Meidän tulee oppia olemaan varovaisia siinä, kuinka kohtelemme ihmisiä

Läpi koko vuorisaarnan Jeesus tekee parhaansa osoittaakseen, että kaikki hänen seuraajansa tulevat vääjäämättä kohtaamaan vainoa. Mutta jakeessa 7:6 hän osoittaa, että jotkut opetuslapset joutuvat turhaan raadelluiksi. Toimimalla järkevällä ja herkällä tavalla voimme estää sen, että Jumalan Sana joutuu tallotuksi ja että meidän kimppuumme hyökätään ja meitä raadellaan.

Jumalan hallintavalta

Joskus meitä vainotaan vanhurskauden tähden, mutta joskus meitä raadellaan, koska olemme typerällä tavalla heittäneet helmiämme sikojen eteen. Jeesus ei käske meidän olla huomioimatta sikoja tai että meidän tulisi antaa niiden nääntyä nälkään, vaan hän yksinkertaisesti huomauttaa, kuinka typerää on antaa sioille mitään muuta kuin sikojen ruokaa. Jos tiedämme millainen joku ihminen on, emme koostu mitään siitä, että kohtelemme häntä tavalla, joka saa hänet raivostumaan.

4. Meidän tulee oppia käsittelemään "helmiä" oikealla tavalla
Puhuessaan helmistä Jeesus viittaa selkeästi valtakunnan sanomaan. Matteuksen evankeliumin jakeissa 13:44–46 Jeesus kuvaa Jumalan valtakuntaa sekä helmenä että piilotettuna aarteena. Sanoma Jumalan henkilökohtaisesta hallintavallasta on hyvä uutinen, mutta kaikki eivät näe sitä sellaisena. Joillekin se on arvoton, epäolennainen ja naurettava sanoma.

Vuorisaarna oli Jeesuksen erityinen sanoma omille opetuslapsilleen – sitä ei oltu tarkoitettu kirjanoppineille, fariseuksille tai uteliaille syntisille. Meidänkin tulee siis pitää huoli siitä, ettemme odota "sikojen" ja "koirien" elävän valtakunnan normien mukaan tai lauo asiaankuulumattomia totuuksia todistaessamme heille.

5. Meidän tulee oppia hyväksymään, että jotkut ihmiset ovat "sikoja"
Jos Jeesus ei olisi käyttänyt ilmaisuja "koiria" ja "sikoja", säpsähtäisimme tätä totuutta. Meidän tulee kuitenkin hyväksyä se tosiasia, että synti ja pimeys saavat jotkut ihmiset vastustamaan totuutta perinpohjaisella tavalla. "Koirilla" ja "sioilla" tarkoitettiin alunperin jumalattomia pakanoita. Nykyään niillä viitataan maailmaan, joka ei usko ja joka vastustaa Jumalan hallintavaltaa.

Tituskirjeen kohta 3:3–7 kuvaa, millainen vaikutus synnillä on ihmisiin. Se tekee heistä Jumalan vihollisia. Jotkut ihmiset ovat niin vahvasti synnin orjia ja niin saastuneita ja kieroutuneita

Tuomio valtakunnassa

synnin petoksen tähden, että he todella ovat hengellisessä mielessä kuin sikoja ja koiria. Tämän totuuden ymmärtämisen tulisi täyttää meidät myötätunnolla ja murheella. Sika voi käyttäytyä vain sian tavoin. Sitä ei voi muokata tai houkutella toimimaan hurskaalla tavalla. Sen täytyy muuttua Jumalan Pyhän Hengen voimasta.

Henkien erottamisen lahja
Kuten muillakin opetuslapseuden osa-alueilla, tarvitsemme Pyhän Hengen apua myös siihen, että osaisimme erottaa oikealla tavalla ihmiset toisistaan ja tunnistaa ketkä ovat "sikoja". Pyhä Henki antaa meille henkien erottamisen armolahjan – josta kerrotaan jakeessa 1. Kor. 12:10 – osittain siksi, että kykenisimme erottamaan hyvän pahasta ja tunnistamaan ne, jotka saattavat käydä kimppuumme ja raadella meitä.

Kreikan sana erottamiselle on *diakrisis*, ja se tarkoittaa "perinpohjainen tuomitseminen" tai "perinpohjainen erottaminen". Sitä käytetään kohdissa Matt. 16:3 sekä 1. Kor. 6:5, 11:29–31, 12:10 ja 14:29. Henkien erottamisen lahja on Jumalan antamaa hengellistä ymmärrystä, ja se toimii muiden hengen lahjojen tavoin.   Tämä osoittaa, että meidän tulee turvata Jumalaan, jos haluamme erottaa oikein. Meidän ei tule tuomita ihmisiä oman ymmärryksemme, kokemuksemme tai näkemyksemme mukaan, vaan arvioida heidät sen näkemyksen mukaan, jonka saamme Jumalalta Pyhän Hengen kautta.

Anteeksianto
Vaikka Jeesus ei käsittelekään anteeksiantoa tässä kohdassa vuorisaarnaa, meidän on hyödyllistä tarkastella, kuinka käsitellä sitä kipua mitä koemme, kun ihmiset "raatelevat meitä". Jeesus opettaa opetuslapsiaan anteeksiannosta jakeissa Matt. 6:14–15. Hän kehottaa heitä antamaan anteeksi ihmisille ja toteaa, että niin kuin he antavat anteeksi muille, niin Jumala antaa anteeksi heille.

Jumalan hallintavalta

Kuten oli jakeessa 7:2, tässäkin Jeesus puhuu (vapauttavasta) tuomiosta, jossa uskoville määrätään heille kuuluva palkka. Anteeksianto, johon hän viittaa, ei tarkoita sitä perustavanlaatuista anteeksiantoa synneistä, joka määrää ihmisen iankaikkisen kohtalon, vaan se liittyy opetuslapsille tarkoitetun palkan ja perintöosan jakamiseen, josta hän puhuu useissa vuorisaarnan kohdissa.

Jeesus käski opetuslapsiaan olemaan aina valmiita antamaan anteeksi (Matt. 18:21-35) ja osoitti heille, mitä se käytännössä tarkoitti antaessaan anteeksi niille, jotka kirjaimellisesti repivät häntä (Luuk. 23:33-34).

Meidänkin tulee antaa ihmisille anteeksi kun he satuttavat meitä sanoillaan tai teoillaan. Edellä käsittelemämme viisi valtakunnan periaatetta soveltuvat myös tähän.

- *Jumala on tuomari* – vain hän tietää perimmäisen totuuden kaikesta tapahtuneesta.

- *Olemme itse toimineet vielä pahemmin* – vain synnittömät saavat heittää kiviä.

- *He eivät välttämättä tiedä mitä tekevät* – he saattavat olla synnin orjia.

- *Kärsimme itse* – menetämme palkkamme ja kasvatamme tuomiotamme, jos emme anna anteeksi muille.

- *Ilahdutamme vihollista* – hän haluaa, että ihmiset pysyvät riidoissa.

Ensimmäinen askel antaessamme anteeksi muille on tiedostaa, että meitä vastaan on tehty syntiä, ja että sen seurauksena olemme joutuneet kokemaan kipua. Monien on vaikea tunnustaa, että he kokevat kivun tunteita, mutta siinä ei ole mitään väärää. Voimme itse asiassa antaa anteeksi toisille ihmisille vain, jos ensin hyväksymme sen, että meitä on kohdeltu väärin ja loukattu.

Toinen askel on vastata tähän kipuun Jumalaa kunnioittavalla tavalla. Voimme lukea tästä kohdissa Matt. 5:44-48, Room. 12:17-21 ja 1. Piet. 2:21-23. Meidän ei tule

Tuomio valtakunnassa

kostaa ja vastata samalla mitalla, vaan tarjota anteeksiannon lahja – jonka vahvistamme ja osoitamme erityisillä rakkauden teoilla.

Viimeinen askel on pyytää Jumalaa lohduttamaan meitä, parantamaan haavamme, vapauttamaan meidät vihasta ja katkeruudesta ja siunaamaan sitä henkilöä, jolle olemme antaneet anteeksi. Raamatun kohta 2. Kor. 1:3–7 kertoo meille, että Jumala lohduttaa opetuslapsiaan, kun he kärsivät.

Osa 9

Valtakunnan todellisuus

Käsittelemme seuraavaksi vielä vuorisaarnan viimeistä osaa. Kohdassa Matt. 7:7–29 Jeesus kertoo valtakunnan tosiasioita ja esittää opetuslapsilleen joukon loppupäätelmiä, joiden on tarkoitus auttaa heitä elämään Jumalan valtakunnassa kaiken aikaa.

Älkää lakatko etsimästä Jumalaa

Opetuslapset olivat istuneet kuuntelemassa Jeesuksen opetusta Jumalan valtakunnasta, ja he olivat kuulleet hänen kertovan ne normit, joiden mukaan hän odotti heidän elävän. He olivat alkaneet käsittää, kuinka täydellisen erilaisia heidän tuli olla maailmaan verrattuna. He olivat alkaneet nähdä, että heidän tuli ajatella ja elää hänen esimerkkinsä mukaan. Heidän vanhurskautensa, heidän oikea asemansa Jumalan edessä, tuli olla jopa jotain enemmän kuin mitä fariseuksilla oli. Heidän tuli olla täydellisiä, niin kuin Jumala on täydellinen. Heidän elämänsä jokaisen osa-alueen täytyi muuttua Jumalan olemuksen ja asenteiden mukaiseksi. Kaikki heidän ajatuksensa, tekonsa ja olemisensa olivat kaikkinäkevän Isän tarkan tutkinnan kohteena. Kuinka ihmeessä he onnistuisivat kaikessa tässä?

On helppoa kuvitella, kuinka he istuivat vuoren rinteellä, imivät itseensä kaikki Jeesuksen sanat, kokivat innoitusta kaikista kauniista asioista, joita Jeesus kuvasi, ja sitten yhtäkkiä hätkähtivät ja ymmärsivät, että jokainen Jeesuksen sana olikin tarkoitettu henkilökohtaisesti heille. Nämä periaatteet, nämä mahdottoman korkeat normit, olivat hänen sanojaan jokaisen heidän elämäänsä.

Jumalan hallintavalta

Jeesus todellakin odotti heidän elävän niiden kuvaamalla tavalla. Hän uskoi aidosti, että heidän elämänsä voisivat vastata hänen sanojaan.

Jakeissa Matt. 7:7-29 Jeesus muodostaa vastauksen kysymykselle "Kuinka he onnistuisivat?", joka varmasti loisti jokaisen kuulolla olevan opetuslapsen kasvoilta. Luettuamme Jeesuksen sanoja valtakunnasta ja annettuamme hänen opetustensa tutkia tarkoin elämäämme, olemme varmasti tulleet vakuuttuneiksi siitä, että jokainen meistä tarvitsee muutosta. Useimmat meistä ovat varmasti mutisseet "Mutta kuinka?" joka toisen jakeen kohdalla, läpi koko vuorisaarnan.

Matteuksen evankeliumin kohta 7:7-27 on Jeesuksen vastaus ensimmäisille opetuslapsille – ja meille –, ja se alkaa sanoilla: "Pyytäkää, niin teille annetaan. Etsikää, niin te löydätte. Kolkuttakaa, niin teille avataan."

Jeesus sanoo opetuslapsilleen, ettei ole syytä vajota epätoivoon. Meidän ei tarvitse tehdä muuta kuin heittäytyä kuninkaan varaan – pyytää, etsiä ja kolkuttaa, niin hän muuttaa meidät.

Pyytäkää sinnikkäästi

Meidän ei tule pyytää kerran ja sitten olla hiljaa. Joidenkin mukaan tällainen lähestymistapa ilmentää uskoa, mutta me tiedämme, että usko tarkoittaa todellisuudessa sitä, että luotamme Jeesukseen ja toimimme hänen sanojensa mukaan. Jakeessa 7:7 käytetyt kreikan sanat osoittavat, ettei Jeesus käske meidän pyytää kerran, vaan uudestaan ja uudestaan, jatkaa kolkuttamista ja jatkaa etsimistä. Näemme tämän vielä selvemmin vertauksessa, joka havainnollistaa näitä sanoja Luukkaan evankeliumin kohdassa 11:5-13.

Tässä tapauksessa usko – Jeesuksen sanoihin turvaaminen – tarkoittaa sinnikästä pyytämistä, etsimistä ja kolkuttamista, kunnes itse elämme kaikkien Jumalan valtakunnan asenteiden ja normien mukaan. Se tarkoittaa, että meissä on väistämättä jonkinlaista hengellistä tyytymättömyyttä. Uusi testamentti rohkaisee meitä aina "tyytymään" materiaalisiin ja sosiaalisiin

Valtakunnan todellisuus

olosuhteisiimme, mutta se haastaa meitä olemaan tyytymättä hengelliseen kehitykseemme.

Kol. 3:1-2 ja Fil. 3:12-14 kaltaiset kohdat kehottavat meitä ponnistelemaan eteenpäin ja saavuttamaan lisää, olemaan niin janoisia Jumalan ja hänen elämäntapansa puoleen, että etsimme häntä jatkuvasti, jotta hän muuttaisi meitä sekä antaisi meille voimaa taistella syntisiä tapoja ja asenteita vastaan.

Joskus kaipaamme niin paljon saavamme olla täynnä Jeesuksen autuaita asenteita - ja saavamme elää hänen normiensa mukaan - että meillä on sellainen hengellinen jano etsiä Jumalaa, josta voimme lukea Psalmissa 63:1. Toisinaan kuitenkin pyytämistämme ja etsimistämme motivoi pikemminkin hengellinen kurinalaisuus, josta kerrotaan Hoosean kirjan jakeessa 10:12.

Pyytäkää jatkuvasti - ja uskokaa lupaukseen

Jeesus toistaa lupauksensa siitä, että pyytämisemme tuottaa tulosta, kuusi kertaa noiden kahden jakeen (7-8) aikana. Meidän täytyy muistaa, etteivät ne ole yleisiä rukousta koskevia lupauksia, vaan ne liittyvät nimenomaan valtakunnan piirteisiin, ominaisuuksiin ja normeihin.

- "Niin teille annetaan"
- "Niin te löydätte"
- "Niin teille avataan"
- "Jokainen pyytävä saa"
- "Jokainen etsijä löytää"
- Jokaiselle, joka kolkuttaa, avataan".

Ennen näitä jakeita Jeesus on antanut vuorisaarnassa seitsemäntoista lupausta koskien palkkaa ja yksitoista lupausta koskien tuomiota. Koko vuorisaarna vetoaa uskoviin, jotta he olisivat järkeviä ja lakkaisivat katsomasta maailmaa ja sen sijaan odottaisivat sitä suurta päivää, jona Jumala palkitsee uskovat

Jumalan hallintavalta

sen mukaan, kuinka he ovat miellyttäneet häntä. Lupausten määrän huipennus jakeissa 7:7-8 alleviivaa sitä, kuinka kovasti Jumala haluaa palkita meidät, ja kuinka hän tekee kaikkensa, jotta meidän olisi mahdollista miellyttää häntä. Mutta muista: hän ei koskaan pakota ketään hallintavaltansa alle – meidän täytyy suostua siihen vapaaehtoisesti.

Pyytäkää jatkuvasti – ja muistakaa Isäänne

Olemme havainneet, että Jeesus käyttää ironiaa korostaakseen tiettyjä kohtia saarnassaan. Niin myös jakeissa 9-11, joissa hän sen avulla muistuttaa opetuslapsiaan siitä, että maailman keskellä elettävän valtakunnan elämän keskiössä on heidän suhteeseensa hyvään, anteliaaseen ja armahtavaiseen taivaalliseen Isään.

Jakeiden 5:1 ja 7:6 välillä Jeesus sanoo neljätoista kertaa opetuslapsille "Isänne" puhuessaan Jumalasta. Hän pyrkii sinnikkäästi saamaan heidät ymmärtämään, että Jumala tarkkailee heitä, varjelee heitä ja odottaa saavansa palkita heidät. Nyt jakeissa 7:9-11 Jeesus toteaa, että heidän Isänsä on paljon parempi kuin yksinään inhimillinen isä, ja että hän antaa hyviä lahjoja niille, jotka niitä häneltä pyytävät. Luukkaan evankeliumin jakeissa 11:11-13 näemme, että hyvillä lahjoilla hän tarkoittaa Pyhää Henkeä.

Meidän täytyy muistaa, että Pyhä Henki on valtakunnan Henki. Olemme eläneet Hengen aikakautta ensimmäisestä helluntaista lähtien. Näin me koemme Jumalan valtakunnan. Se tarkoittaa Hengen läsnäolossa elämistä, alistumista hänen johdatukseensa ja hänen kehotustensa tottelemista. Kun etsimme Jumalaa, hän vahvistaa Henkensä työtä sydämissämme ja auttaa meitä mukautumaan sydämistämme hänen hallintavaltansa alla elävien elämäntyyliin.

Jeesus ei lupaa, että Jumala vastaa rukouksiimme, joissa pyydämme maallisia aarteita tai mukavaa elämää. Sen sijaan hän lupaa, että Jumala antaa meille kaiken mitä tarvitsemme elääksemme valtakunnan elämää tässä maailmassa – ja osoittaa, että Henki on juuri se, mitä tarvitsemme. Jeesus ei

Valtakunnan todellisuus

puhunut vuorisaarnaa, jotta me voisimme kommentoida sitä, vaan että voisimme toteuttaa sen – ja Pyhän Hengen avulla pystymme siihen. Ilman Pyhän Hengen apua meidän on mahdotonta miellyttää Jumalaa ja elää hänen hallintavaltansa alla.

Hengen miekka -kirjasarjan osassa *Hengen tunteminen* esitellään laaja raamatullinen kuva kaikesta, mitä Jumala haluaa tehdä meissä ja meidän kauttamme Pyhän Henkensä kautta sekä kerrotaan, kuinka kumppanuutemme Hengen kanssa toimii käytännössä.

Muistakaa kuninkaallinen käsky

Jeesuksen toinen loppupäätelmä löytyy kohdasta Matt. 7:12, ja se on hänen yhteenvetonsa koko vuorisaarnasta. Siinä hän tiivistää kaiken opettamansa kahteen yksinkertaiseen virkkeeseen, jotka kertovat, mitä Jumalan hallintavallan alla eläminen käytännössä tarkoittaa. "Kaikki, minkä tahdotte ihmisten tekevän teille, tehkää te heille. Tässä on laki ja profeetat."

Vaikka Jeesus ei sitä suoraan sanokaan, hän johdattaa meidät lain yksityiskohtia syvemmälle näkemään lain taustalla vaikuttavan periaatteen. Lain syvin sanoma on, että meidän tulee rakastaa lähimmäistämme niin kuin itseämme. Tämä käsky löytyy ensimmäisen kerran 3. Mooseksen kirjan jakeessa 19:18, ja siihen palataan seitsemän kertaa kohdissa Matt. 19:19, 22:34–40, Mark. 12:28–34, Luuk. 10:25–37, Room. 13:8–10, Gal. 5:14 ja Jaak. 2:8–13.

Lain taustalla vaikuttava periaate vaatii meitä olemaan kiinnostuneita lähimmäisistämme, rakastamaan ja auttamaan heitä sekä välittämään heidän hyvinvoinnistaan ja onnellisuudestaan – aivan kuten välitämme omastammekin. Meidän tulee tunnistaa, että lähimmäisemme ovat samanlaisia ihmisiä kuin mekin –, että heillä on samankaltaisia tunteita ja heikkouksia kuin meilläkin – ja kohdella heitä kuten toivoisimme heidän kohtelevan meitä. Juuri tämä on tietenkin vaikeaa meille. Emme tee niin emmekä edes halua tehdä niin,

Jumalan hallintavalta

sillä rakastamme "itseämme" ja ajattelemme aina "itseämme" ja omia toiveitamme. Jumala kuitenkin haastaa meitä juuri tässä asiassa.

Valtakunta käsittelee "itsensä" rakastamista kehottamalla meitä etsimään ensin Jumalaa – laittamaan hänet "itsemme" edelle. Hänen valtakuntansa vaatimukset tekevät meidät nöyriksi ja auttavat meitä keskittymään häneen ja arvostamaan sitä, että olemme hengessämme köyhiä. Nuo vaatimukset myös mahdollistavat sen, että näemme muut ihmiset oikeassa valossa – ei ihmisinä, jotka haluavat satuttaa meitä, vaan kanssasyntisinä, jotka ovat synnin murtamia ja mammonan orjuuttamia.

Kun lakkaamatta etsimme Jumalaa ja ymmärrämme, että hän on hyvä Isä, joka on laupias ja armahtavainen meitä kohtaan, emme voi muuta kuin kohdella muita ihmisiä samanlaisella laupeudella ja armolla. Alamme nähdä heidät kuten Jumala näkee meidät, ja se saa meidät rakastamaan heitä kuten rakastamme itseämme.

Tämä johtaa meidät näkemään mistä valtakunnan elämässä todellisuudessa on kyse. Emme vain mukaudu ulkoisesti käskyihin ja sääntöihin. Vaikka kuinka vilpittömästi ajattelisimme, että se miellyttää Jumalaa, se ei yksinkertaisesti ole sitä, mitä Jumala vaatii. Ainoastaan rakastavan kuuliaisuuden valitseminen Jumalan hyvyyden ja armon edessä avaa meille pääsyn Isän sydämelle. Elämme Jumalalle rakkaudentäyteisestä kiitollisuudesta, ja se on perusta sille kultaiselle säännölle, jonka Jeesus tässä esittää. Se on "rakkauden laki" tai "vapauden kuninkaallinen laki" – sydän, jonka Jumalan rakkaus on saanut muovata ja muotoilla.

Menkää sisään ahtaasta portista

Jeesuksen kolmas loppupäätelmä jakeissa 7:13–14 ei ole yhteenveto siitä, mitä on jo aiemmin sanottu. Saarnan sanoma on jo kerrottu, ja nyt Jeesus vielä muistuttaa opetuslapsiaan sen kiireellisyydestä ja rohkaisee heitä soveltamaan sitä jokapäiväiseen elämäänsä.

Valtakunnan todellisuus

Meidän täytyy ymmärtää, ettei näissä jakeissa puhuta kristityksi tulemisesta, vaan ne oli tarkoitettu opetuslapsille, jotka jo seurasivat Jeesusta ja jotka olivat juuri kuulleet, mitä hän sanoi valtakunnasta. Jeesus kehotti opetuslapsia ymmärtämään, että valtakunnan elämä ei ollut jotain mistä piti keskustella, vaan jotain mikä piti elää todeksi. Jeesuksen sanat edellyttivät heiltä pikaista vastausta ja välittömiä tekoja.

Jeesusta kuuntelevien opetuslasten tuli päättää, alkaisivatko he elää valtakunnan elämää vai jatkaisivatko he Jeesuksen seuraamista vanhalla tavallaan lähtiessään vuorelta kotiaan kohti. Näissä jakeissa Jeesus esittelee kaksi vaihtoehtoa: ahtaan portin, jonka jälkeen alkaa hankala, elämään vievä tie tai avaran portin, jonka takana alkaa helppo, kadotukseen vievä tie.

Stadionin sisäänkäynnin kääntöportti tai pieni maalaispolulle johtava portti voisivat olla sopivimmat nykyajan vertauskuvat Jeesuksen mainitsemasta ahtaasta portista. Näitä kahta kuvaa tarkastellessamme huomaamme, että niihin liittyy useita ominaisuuksia, jotka ovat tulleet meille tutuiksi jo aiemmista vuorisaarnan kohdista.

- ◆ Emme voi ottaa mitään mukaamme – portti on liian kapea matkatavaroita ajatellen, meidän täytyy jättää kaikki taaksemme: maailma, maailman tavat, "itsemme", mammona jne.

- ◆ Meidän täytyy kulkea sen läpi yksin – jokaisen täytyy vastata kutsuun henkilökohtaisesti omalta kohdaltaan.

- ◆ Meidän täytyy olla valmiita kohtaamaan vaikeuksia – vaino, eristäminen, koettelemukset ja kärsimykset ovat kaikki takuuvarmasti odotettavissa.

- ◆ Se tekee meistä erilaisia – erotumme joukosta, olemme vähemmistö, olemme epätavallisia ja erikoisia, meitä pilkataan siitä, että valitsimme hankalan tien.

- ◆ Meidän täytyy katsoa tulevaan – päämäärämme on elämä, ja sen ajatteleminen saa meidät jatkamaan

Jumalan hallintavalta

matkaa; toinen tie saattaa olla helpompi tällä hetkellä, mutta se johtaa varmaan kadotukseen.

Kuten edellä todettiin, luvun 7 kantava teema on tuomio. Jakeesta 13 eteenpäin luvun 7 loppuun asti Jeesus toistuvasti viittaa tuomioon painottaakseen sitä, että valtakunnan asioissa on kyse elämästä ja kuolemasta. Hän puhuu esimerkiksi "kadotuksesta" (j. 13), "elämästä" (j. 14), "tulesta" (j. 19) ja "siitä päivästä" (j. 22).

Ikuisuuden kannalta on elintärkeää, että olemme hänen kapealla tiellään, että teemme kaikki ne vaikeat päätökset, jotka hän asettaa eteemme, ja että olemme valmiit maksamaan valtakunnan hintaa sen kirkkauden tähden, joka meitä odottaa.

Varokaa vääriä profeettoja

Jeesuksen neljäs loppupäätelmä jakeissa 15–20 varoittaa kapealla tiellä kulkevia opetuslapsia vääristä profeetoista ja kertoo, että valtakunnan elämä kantaa aina hyvää hedelmää.

Tiedämme, että valtakunnan elämä tarkoittaa Jumalan hallitsemaa elämää. Emme turvaa sääntöihin tai systeemiin, vaan luotamme Jumalaan ja hänen Sanaansa. Valitsemalla tämän kohdan vuorisaarnasta varoitukselleen vääristä profeetoista, Jeesus tekee selväksi, että jotkut ihmiset väittävät tuntevansa Jumalan Sanan ja puhuvansa sitä, mutta houkuttelevatkin todellisuudessa meitä pois kapealta tieltä.

Väärät profeetat väittävät puhuvansa Jumalan Sanaa, vaikka Jumala ei ole heitä lähettänyt. Näemme tämän kohdassa Jer. 23:9–40. Jeesus ei puhu tässä ihmisistä, jotka yksinkertaisesti ovat väärässä – opettajista, jotka ovat harhaoppisia tai elävät räikeästi synnissä. Hän viittaa niihin, jotka näyttävät lampailta – jotka vaikuttavat harmittomilta –, mutta jotka todellisuudessa ovat raatelevia susia.

Vanhassa testamentissa, kohdissa 5. Moos. 13:1–5, 18:21–22, Jer. 23:9–40 ja Hes. 12:21–14:11 esitellään viisi tapaa tunnistaa väärät profeetat:

Valtakunnan todellisuus

- Heidän tulevaisuutta koskevat profetiansa eivät toteudu (toisin päin käännettynä tämä ei kuitenkaan aina pidä paikkaansa, sillä profetioiden toteutuminen ei ole tae niiden aitoudesta)
- He kutsuvat ihmisiä seuraamaan muita jumalia
- Heidän elämäntyylinsä on moraaliton
- He eivät piittaa muiden moraalittomuudesta
- He vaativat rauhaa, mutta unohtavat täysin rauhan edellyttämät moraaliset ja hengelliset olosuhteet.

Jeesus esittää, ettei meidän tule arvioida ihmisiä heidän pinnallisen ulkokuorensa perusteella, vaan heidän palvelutyönsä ja elämänsä tuottaman hedelmän perusteella. Ei ole kuitenkaan selvää tarkoittaako Jeesus "hedelmällä" opetusta, henkilökohtaista elämäntapaa vai profetioiden toteutumista – luultavasti hän tarkoittaa kaikkia kolmea. Kohdissa Ap.t. 10:43 ja Ilm. 19:10 löytyvät periaatteet kertovat kaikkein oleellisimman. Kaikki oikeat profeetat tunnistaa siitä, että he osoittavat Jeesukseen: hänen elämäänsä, normeihinsa ja tekoihinsa.

Vaikka joku väittää tuntevansa ja puhuvansa Jumalan Sanaa, hän on väärä profeetta, jos hän kutsuu opetuslapsia pois vaikealta ja kapealta tieltä, ei itse elä kaitaa valtakunnan elämää tai jos häntä kuuntelevat ihmiset eivät kulje eteenpäin kapealla elämään johtavalla tiellä. Meidän tulee varoa, sillä vihollinen tekee kaikkensa viedäkseen opetuslasten huomion pois Jumalasta ja johdattaakseen heidät kuninkaan kapealta ja vaikeakulkuiselta polulta omalle tasaiselle ja helppokulkuiselle moottoritielleen.

Jeesuksen käyttämä vertaus hedelmästä muistuttaa meitä jälleen kerran siitä, että valtakunnan ajattelutavan on tarkoitus saada aikaan muutosta meidän elämäntavoissamme sekä ympärillämme olevissa ihmisissä. Ajattelutapamme muutoksen tulisi johtaa muuttuneeseen käyttäytymiseen. Asenteidemme tulisi muuttua teoiksi. Suolan ja valon tulisi

Jumalan hallintavalta

tehdä kaikki se, mistä edellä puhuttiin. Jae 19 tekee selväksi, että jos Jumalan hallintavalta ei kanna hyvää hedelmää elämässämme, tulemme kokemaan Jumalan tuomion.

Todellinen testi
Viides loppupäätelmä jakeissa 21–23 opettaa, että todellinen todiste valtakunnan elämästä ei ole se mitä sanomme tai lahjat joita käytämme, vaan Isän tahdon toteuttaminen. Jälleen kerran on välttämätöntä muistaa, että Jeesus puhuu vuorisaarnan opetuslapsilleen. Nämäkään jakeet eivät koske kristityksi tulemista, vaan kristillisen elämän elämistä. Meidän täytyy muistaa, että tuomio, johon Jeesus läpi koko vuorisaarnan viittaa, ei tarkoita sitä viimeistä tuomiota, jossa uskovat erotellaan uskomattomista ja jossa toiset määrätään taivaaseen ja toiset helvettiin – vaan se tarkoittaa sitä vapauttavaa tuomiota, joka kuuluu vain uskoville ja jossa heille määrätään heille kuuluva palkka.

Jeesus ei siis tarkoita, että opetuslapset – ne, jotka tuntevat Jeesuksen Herranaan ja jotka ovat jakaneet hänen arvovaltansa ja julistaneet hänen sanaansa – tuomittaisiin helvettiin. Sen sijaan hän sanoo, että edessä on monia yllätyksiä "sinä päivänä", kun palkat ja perintöosat jaetaan. Jotkut opetuslapset, jotka ovat näennäisesti tehneet mahtavia asioita valtakunnan hyväksi, lähetetään pois kuninkaan luota ilman palkkaa. Tämä sama teema toistuu kaikessa, mitä Jeesus opettaa valtakunnasta.

Jumalan miellyttäminen on lopulta kiinni siitä, teemmekö Isän tahdon mukaan. Jumalan hallintavalta tarkoittaa alistumista kuninkaalle kaikilla elämämme osa-alueilla ja jokaisessa elämämme yksityiskohdassa. Taivaallinen palkka ansaitaan tottelemalla Jeesuksen sanoja. Tuomio kohtaa niitä, jotka jatkavat oman tahtonsa toteuttamista ja kieltäytyvät toteuttamasta Jumalan tahtoa. Tämä on todellinen ja ainoa uskon testi.

Valtakunnan todellisuus

Kaiken laittaminen käytäntöön

Vuorisaarna päättyy tarinaan. Jeesus on saanut annettua yksityiskohtaiset ohjeensa ja selvitettyä tärkeimmät periaatteensa, ja nyt hän vielä soveltaa näitä totuuksiaan. Hän on haastanut opetuslapsensa valitsemaan joko kapean tai lavean tien ja osoittanut heille, kuinka he voivat välttää heitä kohtaavia vaaroja. Nyt jakeissa 24–27 hän kertoo heille tarinan havainnollistaakseen kaiken aiemmin sanomansa.

Oli kaksi miestä ja kaksi taloa. Molemmat miehet halusivat tismalleen samaa asiaa: talon, jossa voisivat asua perheensä kanssa. He rakensivat talot, jotka olivat lähellä toisiaan ja hyvin samankaltaiset. Päällisin puolin nuo kaksi taloa näyttivät itse asiassa täysin samalta. Vaikuttaa siltä, että Jeesus sanoo miehillä olevan paljon yhteistä.

Luukkaan evankeliumin jakeissa 6:46–49 näemme kuitenkin, että he olivat todellisuudessa hyvin erilaisia. Tyhmä mies on kärsimätön. Hän haluaa talonsa olevan valmis heti – hän ei ehdi laskemaan perustuksia. Hän ei ajattele mahdollisia seurauksia eikä näe vaivaa oppiakseen muilta. Järkevä mies sen sijaan haluaa rakentaa hyvin ja tehdä sellaisen talon, joka kestää. Hän ei valitse oikopolkuja. Hän on valmis oppimaan. Hän ajattelee ennen kuin tekee.

Tämän vertauksen tarkoitus on osoittaa, että Jeesuksen sanat ovat voimallisia vain silloin, kun niitä totellaan. Tyhmä mies on tyhmä vain yhdestä syystä: hän kuulee Jeesuksen sanat, muttei tee niiden mukaan, ja siksi hänellä ei ole perustusta. Muista, että Jeesus on juuri edellä saanut selvitettyä, millainen kristityn opetuslapsen perusolemus on, eli kuinka kristityn tulisi elää Jumalan hallintavallan alla. Jeesus oli kuitenkin täysin selvillä siitä, että monet tyytyisivät vain kuulemaan sanan ilman, että tekisivät mitä hän oli juuri heille opettanut. Siksi hän tarkoituksella päättää vuorisaarnan kuvaukseen kahdesta rakentajasta. Näin hän alleviivaa sitä, että hänen sanansa eivät ole sivuhuomautuksia elämäämme – ne ovat perustavanlaatuisia sanoja, joille meidän tulee rakentaa elämämme.

Jumalan hallintavalta

Talot saattoivat näyttää samanlaisilta, mutta näkymättömissä olevat perustukset olivat erilaiset. Kaksi profeettaa saattavat molemmat vaikuttaa vilpittömiltä, mutta pinnan alla olla erilaisia. Kaksi opetuslasta, jotka profetoivat ja ajavat ulos demoneita, saattavat näyttää samanlaisilta, mutta heidän perustuksensa voivat olla täysin erilaiset. Jeesus vetoaa meihin, jotta huomaisimme tämän eron, katsoisimme ulkokuoren taakse ja näkisimme, että ainoa asia, jolla on merkitystä, on Jumalan tahdon tekeminen. Vaikeuksien tullessa tarinan tyhmän miehen talo sortui ja järkevän miehen talo säästyi. Jumalan valtakunnassa eläminen ei takaa sitä, ettemmekö kohtaisi vaikeuksia – tiedämme itse asiassa, että asia on juuri päinvastoin. Mutta Jumalan hallintavallan alla eläminen takaa sen, että meillä on voimia kestää kaikki vaikeudet, kunnes tulee palkitsemisen aika – jos meillä vain on oikeanlainen perustus.

Jeesus käyttää tätä tarinaa yhteenvetona kaikesta, mitä hän on opettanut valtakunnasta. Aivan vuorisaarnan lopussa hän muistuttaa meitä siitä, että hänen valtakuntansa on äärimmäisen käytännöllistä – siinä on kyse sellaisen elämän rakentamisesta, joka kestää ja säilyy –, ja että Jumalan hallintavalta lupaa meille mielenrauhaa tähän hetkeen, voimaa suurten koettelemusten keskelle sekä ihmeellistä turvaa tulevaa varten.

Jeesuksen arvovallan tunnustaminen

Saarna on lopussa, mutta Matteuksen evankeliumin luvun 7 kahdessa viimeisessä jakeessa kerrotaan vielä, kuinka opetuslapset reagoivat siihen. Niissä sanotaan: "Kun Jeesus oli lopettanut puheensa, kansanjoukot olivat hämmästyksissään hänen opetuksestaan. Hän opetti niin kuin se, jolle on annettu valta, ei niin kuin lainopettajat" (j. 28–29).

Meidän on helppo keskittyä niin täysin Jeesuksen opetuksen sisältöön, että unohdamme, kuka sen opetti. Nämä jakeet vuorisaarnan jäljessä saavat meidät kääntämään huomiomme takaisin Jeesukseen ja hänen erityiseen henkilökohtaiseen arvovaltaansa. Jos olemme olleet tarkkoina, olemme

Valtakunnan todellisuus

havainneet, että Jeesus jatkuvasti läpi koko vuorisaarnan pyrkii kiinnittämään huomiomme itseensä. Hän mainitsee itsensä ja sanansa yli 20 kertaa vuorisaarnan aikana ja tekee näin selväksi, että hän yksin on perusta kaikelle sille, mitä hän sanoo. Nämä kohdat löytyvät jakeissa 5:11,17,18,20,22,26,28,3 2,34,39,44, 6:2,5,16,25,29 sekä 7:21,22,23,24 ja 26.

Yksinkertaistettuna: se, kuinka henkilökohtaisesti tunnustamme Jeesuksen arvovallan mitataan sen mukaan, kuinka paneudumme Jumalan etsimiseen ja missä määrin alamme täysin turvata hänen hallintavaltaansa. Jos aidosti etsimme häntä ja hänen oikeaa tapaansa ensin – ennen kaikkea muuta elämässämme – rakennamme elämämme parhaalle mahdolliselle perustalle ja olemme matkalla kohti ihmeellisiä taivaallisia palkkioita.

Jeesus on tehnyt täysin selväksi, että tämä on ainoa tie, joka opetuslasten kannattaa valita. Jumalan tie saattaa olla vaikea, mutta se vie siihen elämään, jota kaipaamme. Vain tyhmät opetuslapset eivät kulje valtakunnan kapeaa tietä. Järkevät opetuslapset pitävät huolen siitä, että Jumala hallitsee heitä ja että he turvautuvat täysin hänen Sanaansa ja Henkeensä.

www.ingramcontent.com/pod-product-compliance
Lightning Source LLC
Chambersburg PA
CBHW031116080526
44587CB00011B/995